谷根千のイロハ

森まゆみ

亜紀書房

装丁・レイアウト　矢萩多聞
装画　佐々木未来
地図　たけなみゆうこ

もくじ

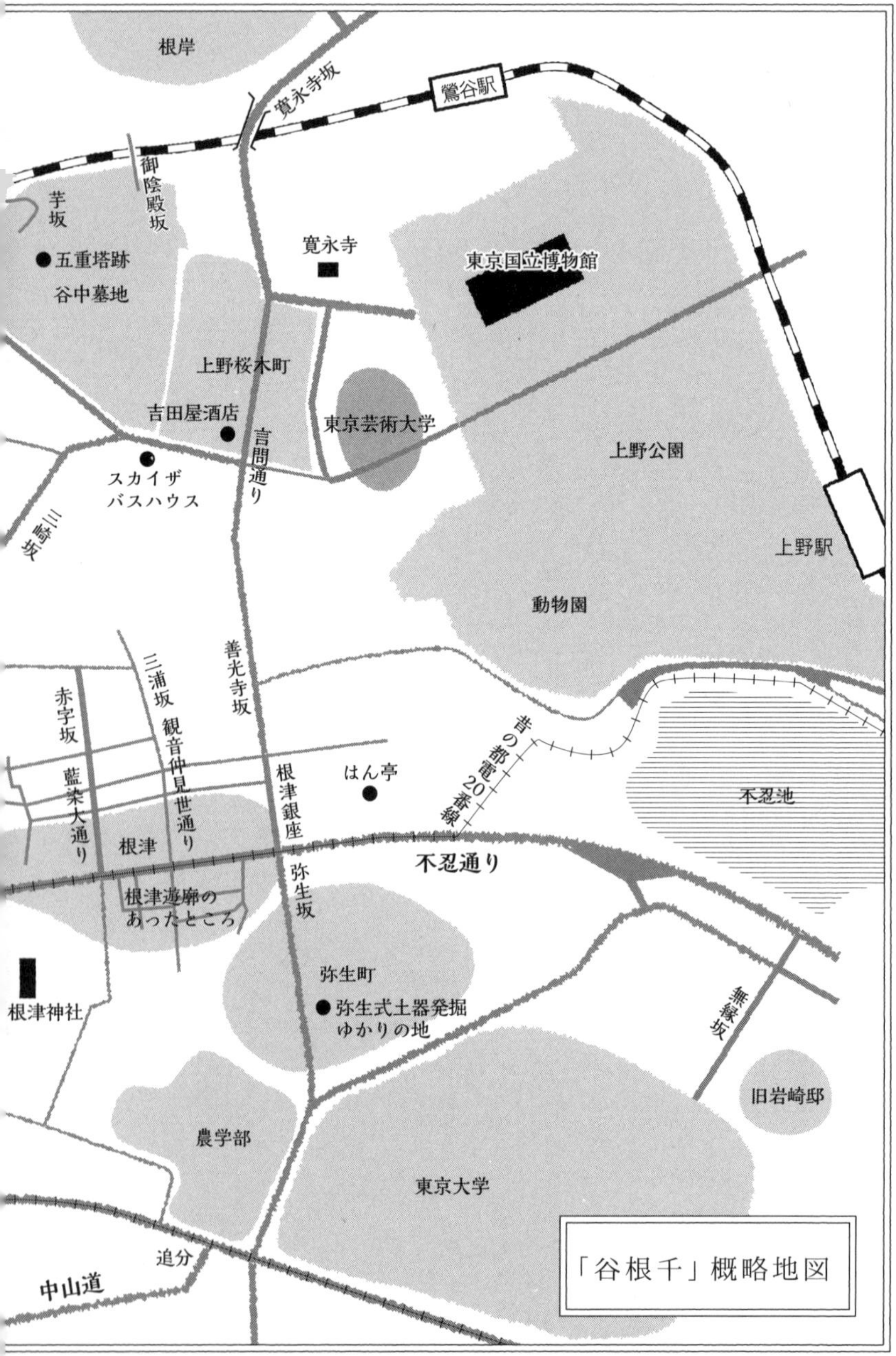
根岸
寛永寺坂
鶯谷駅
御陰殿坂
芋坂
五重塔跡
谷中墓地
寛永寺
東京国立博物館
上野桜木町
吉田屋酒店
東京芸術大学
言問通り
スカイザ
バスハウス
三崎坂
上野公園
上野駅
動物園
善光寺坂
三浦坂
赤字坂
観音仲見世通り
藍染大通り
根津銀座
はん亭
昔の都電20番線
不忍池
根津
不忍通り
弥生坂
根津遊廓の
あったところ
弥生町
弥生式土器発掘
ゆかりの地
根津神社
無縁坂
旧岩崎邸
農学部
東京大学
追分
中山道
「谷根千」概略地図

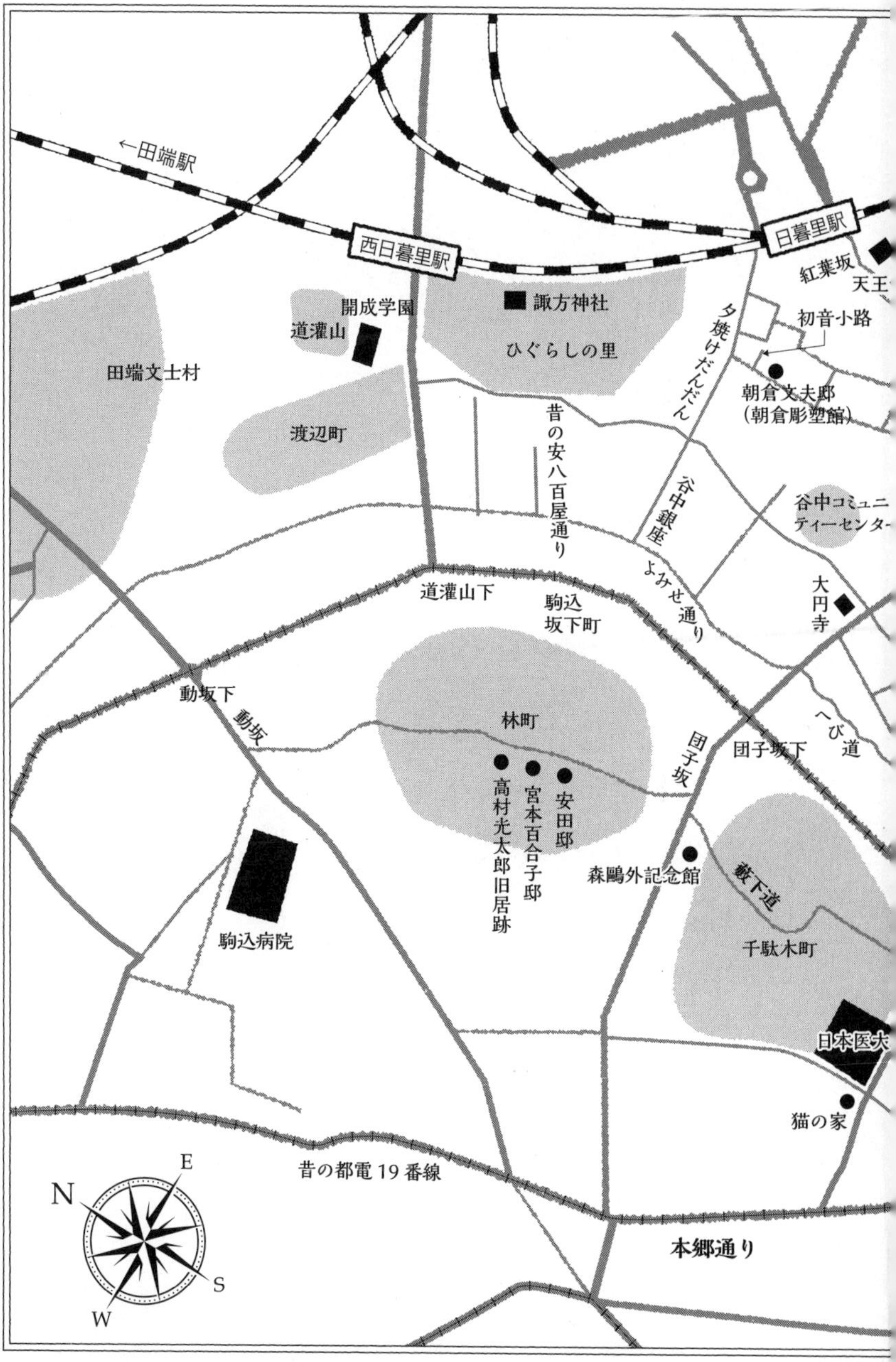
←田端駅
西日暮里駅
日暮里駅
紅葉坂
天王
初音小路
諏方神社
開成学園
道灌山
ひぐらしの里
田端文士村
夕焼けだんだん
朝倉文夫邸
（朝倉彫塑館）
渡辺町
昔の安八百屋通り
谷中銀座
谷中コミュニ
ティーセンター
よみせ通り
道灌山下
駒込坂下町
大円寺
動坂下
動坂
林町
へび道
団子坂
団子坂下
高村光太郎旧居跡
宮本百合子邸
安田邸
森鷗外記念館
藪下道
千駄木町
駒込病院
日本医大
猫の家
昔の都電19番線
本郷通り
N
E
S
W

序文　次の世代に伝える

この本は、私が生まれて以来住んでいる文京区の根津、千駄木、台東区の谷中、荒川区の西日暮里、そして北区の田端あたりの歴史を書いたものです。

「谷根千」という地域名が今では普通に使われるようになりましたが、これは私たちが一九八四年に創刊した地域雑誌『谷中・根津・千駄木』から発祥したものです。

二〇〇九年に地域雑誌を終刊にしたあと、私は父方の先祖の地、宮城県丸森町に通い農業をやっていました。ところが二〇一一年三月十一日に東日本大震災が起こり、私は畑をやっていた丸森町や友人のいる石巻など、支援のため東北へ通いました。そんな中、さらに二〇二〇年に東京でオリンピックが開催されることが決まり、二〇一三年から新国立競技場計画に反対し、神宮外苑の森を守ろうという運動を始めました。そして、そのストレスから大病にもかかり、動けないでいましたが、ようやく二〇一七年ごろから、また懐かしい谷根千の町を少しずつ歩き直すようになりました。

その間、私たちの町には新しいさまざまな店が増え、外国からの観光客も増え、またまちづくりの現場として見学する人も増えました。町で新しく仕事を始めた建築や不動産関係者にもぜひ、町の歴史を勉強し仕事に生かしてほしい。やはり、これからの町は、これまでの町を無視しては考えられないからです。また、もう少し歴史を詳しく知りたいので、一冊読めばこの地域のおおよその歴史が分かる本はないでしょうか、と聞かれることも多くありました。

たまたま団子坂の下に地域の学び合いの場「KLASS」が開校し、二〇一八年の秋、そちらで地域の歴史を伝える講義をさせてもらうことになりました。そのときのタイトルを「谷根千のイロハ」としたのは、すでに還暦を過ぎ、古老になりつつある私が、町の若い衆に町の成り立ちの手ほどきをする、というくらいの意味でした。同時に谷中天王寺門前にはむかし「いろは茶屋」という色街があったこと（五十三頁）も掛けています。

講義は六回にわたり、地図を見ながら谷中、根津、千駄木それぞれの歴史を二回ずつお話ししたのですが、やはりこの地域は密接につながりあっているので、この本では、地域をまとめて、古代から現代までを追うような構成にしてみました。

1

古代から江戸時代までの谷根千

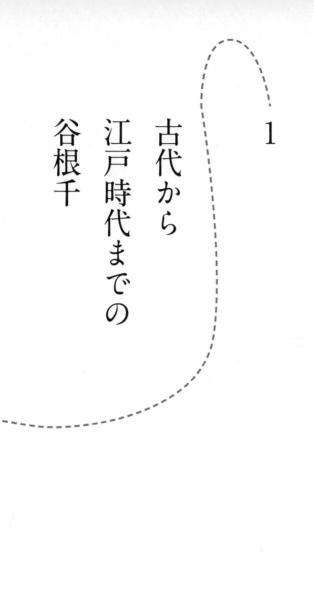

弥生式土器と伝説の時代

ほんの数千年前、谷根千の低地は海の底だったと言われています。一万～五千五百年前くらいに、氷河期から温暖化が進み、氷が溶けて海面が上昇する「縄文海進」という時代がありました。ピークは六千年前です。その頃は今よりずっと海位が高くて、上野の山や本郷の山は陸地でしたが、根岸から北や根津の谷などは海でした。根津という地名も根岸という地名も波の寄るところという意味です。津は舟運の船のつくところという意味から転じました。湯島はこれに対して海から頭を突き出した島という意味です。

それでこのあたりの台地上には貝塚が多く出ています。例えば、開成学園にある道灌山遺跡や駒込病院の動坂遺跡も有名です。私たちが『谷根千』を刊行している間にも、日暮里延命院遺跡の発掘を、ちょうど谷中の「夕やけだんだん」の下あたりでやっていました。第一日暮里小学校の先生も生徒を連れて見に来ていました。また千駄木一丁目の住宅地でも、弥生時代の大きな集落とその長のお墓が見つかったといって騒ぎになったこともありました。そのようにこの台地の上は古代から人が住み、暮らしよかった場所と言えます。

有名な弥生式土器を明治十七年(一八八四)に有坂鉊蔵《しょうぞう》、坪井正五郎、白井光太郎の三人が見つけた場所ははっきりしないのですが、今の本郷台地の東京大学農学部のキャンパス付近で、広大な射的場(今でいう射撃場)があったあたりと言われています。坪井は人類学者、有坂はのちの工学博士で海軍中将になった造兵の専門家です。白井は植物学者です。共同会社というこの射的場は古い地図で見ることができます。弥生町でみつかったことから弥生町式あるいは弥生式土器という名称で呼ばれ、ある時代区分の元となっているのですから、土地の人たちにとっては誇りとなっています。昭和三十九年ごろ、弥生町の一部が根津二丁目に編入され、町名がなくなりそうになった時には地域で反対運動が起こり、住人であった刑事法の研究者で最高裁判事も務めた団藤重光氏、詩人のサトウハチロー氏、東大の考古学教室の研究者たちが運動をしまして、今日まで残っています。

弥生式と縄文式の土器が形も模様も違うということはわかっていましたが、同時代のものであるかとか、どちらが先かとかはなかなかわからなかった。これを同定したのは浜田青陵という考古学者でした。大正時代に鹿児島の橋牟礼川遺跡で、縄文式の土器が弥生式の土器より下の地層から発見され、このことから縄文式の土器は弥生式の土器より古い時代のものということがわかったわけです。縄文式土器は模様や飾りがついて派手なものが多く、これに対し、弥生式の形はシンプルですが、焼成温度はずっと高く堅牢です。

古代においては、ある時代区分に名前を残しているわが町も、その後の歴史には登場せず、長いこと鳴かず飛ばずでした。弥生式土器が弥生町から見つかったことにしても近代に入ってから上野の博物館や東大に研究者が多くいたので、たまたまその近くで発掘され、研究されたといった方がいいかもしれません。

弥生式土器発見の少し前の明治十六年（一八八三）ごろ、今の東北本線の工事の際に、上野の山から鶯谷に下りていく新坂あたりでも同じような土器が見つかっています。その時その現場には有坂鉊蔵もいたのですが、彼が気付いたときには工事をする人のつるはしが土器を粉々に打ち砕いてしまっていたので、発見に至りませんでした。ここで完品が出ていたら弥生式でなく新坂式土器とか言われたかもしれない。ちなみに新坂というのは明治時代になって作られたから新坂というので、あまり由緒がない名前です。

もっと遡ると、昔、動坂の上の日限《ひぎり》地蔵の境内にコロボックルの碑というものがありました。上野の薬舗「守田寶丹」の主人、守田治兵衛の特徴的な文字で書かれている不思議な碑でしたが、これは旧石器時代にいた日本列島の先住民をコロボックルであるとする坪井正五郎の説を刻んだものです。現在日限地蔵は本駒込の徳源院に移されています。

坪井は幕府お抱え医師、坪井信良の息子で、文化人類学の先駆者でしたが、一九一三年、サンクトペテルブルクでの万国学士院連合会に出席して、彼の地で客死しています。

一方それに異を唱え、日本の旧石器時代人がアイヌ民族であるとしたのは同じく人類学者の小金井良精《よしきよ》です。彼は戊辰戦争で負け組となった長岡の生まれで、森鷗外の妹、喜美子と結婚して、駒込曙町に住んでいました。その孫に作家の星新一がいます。

私たちの世代では、縄文時代は採集経済で、弥生時代は水稲農耕を中心とした生産経済の時代だったと教わりましたが、現在、稲作は縄文晩期にはじまったとされ、縄文と弥生を対立的にとらえなくなってきました。

その後、長いことわが町は歴史の重要な舞台にはなっていません。古墳時代から奈良時代、平安時代は、近畿地方が歴史の舞台です。関東は坂上田村麻呂が夷狄《いてき》を鎮定するという

明治四十三年、宝の峰で石器時代の遺跡を発掘する坪井正五郎（右から二人目）

名目で攻めてきたくらい。あと平安時代初期、身分の高い女性、藤原高子《ふじわらのたかいこ》に恋をして都にいられなくなった在原業平が『伊勢物語』の東下りの中に〈名にし負はば いざ言問はむ 都鳥 わが思ふ人は ありやなしやと〉と歌っています。自分の恋する彼女は生きているんだろうか。今みたいにパソコンもスマホもありませんから、連絡の取りようもなく、旅の最中に心配しているわけです。都鳥というのは今のユリカモメのことです。また、言問通りという道の名前はこの歌からついています。

日本武尊と弘法伝説

さかのぼって神話の世界では、例えば、大和朝廷の景行天皇の皇子、日本武尊《ヤマトタケルノミコト》が東を攻めに行く時にも、このあたりには伝説が残っています。彼が走水《はしりみず》（今の横須賀あたり）で「こんなちっぽけな海なんか一飛びだ」などと傲慢なことを言って海神を怒らせた。それを鎮めるために妻の弟橘媛《オトタチバナヒメ》が相模灘で入水する。

〈さねさし 相模の小野に 燃ゆる火の 火中に立ちて 問ひし君はも〉

これはその時の媛の歌です。生贄になったわけですね。それでヤマトタケルはそのあと妻を忘れかね、行軍しながらも「あ、妻はや」（我が妻よとよびかけた）「ああ、我がいとしの妻はもういない。それも私の愚かな所業ゆえに」と嘆く。これが湯島の妻恋神社、妻恋坂の由来で、関東地方を「吾妻」「あずま」と呼ぶようになった始まりだとも言われています。また駒込という地名の由来も、このヤマトタケルが千駄木のあたりの森を通った時に「駒、込みたり」（馬がいっぱいいる土地だなぁ）と述べたので駒込というのだという。まあこれなども歴史ではなく神話と伝説の世界ですね。

昭和十二年（一九三七）に出た『本郷区史』は、近代については叙述が具体的で、私は『文京区史』より役に立つと思っていますが、それにも古代は天孫降臨から始まり、神武東征や日本武神話が歴史として書き込まれています。皇国史観が区史までも支配していた時代でした。

また上野の上野高校の横を下りてくる清水坂などには弘法伝説があります。平安時代初期に諸国を歩いた弘法大師が水が出なくて困っているおばあさんのために錫杖《しゃくじょう》でこんと土を叩くと、たちまち清水が湧き出したというもので、これが谷中清水町とか清水坂（暗闇坂）のいわれです。こうした弘法大師伝説は日本中にあります。

諏方神社の創立

鎌倉時代になると、谷中と日暮里の総鎮守とされる諏方神社が創建されます。御祭神は建御名方命《タケミナカタ》ですが、創建したのは豊島左衛門尉経泰という人で、昔、東京府にあった北豊島郡とか、いまの豊島区、それから練馬にある遊園地「としまえん」も、そもそもはこの土地の豪族豊島氏の名前から来ています。

建築史家の陣内秀信さんが『東京の空間人類学』で明らかにしたように、神社はだいたい台地上の縁に位置しています。諏方神社も眺めのいい高台に鎮座しています。ギリシャのアクロポリスではありませんが、農民たちは氏神である諏方神社を遠くに見上げながら農作業をしていた。つまり低地の暮らしの場はアゴラ（広場）というわけです。もちろん低地の日暮里のみなさんも氏子ですから、今もお祭りになると、諏方神社まで線路の下をくぐり、地蔵坂などを上がってお参りにきます。これは明治になって鉄道が氏子圏を分断してしまった例です。まったく困ったことなんです。

室町にかけて、関東を支配するのが北条氏の時代、十六世紀半ばに相模の戦国大名、北条氏康が作らせた「小田原衆所領役帳」という文書があります。これは一族・家臣の諸役賦課の基準となる役高を記した帳簿のようなもので、それを見ると領国内の検地をしていることがわかります。江戸屋中（谷中）や駒込は遠山弥九郎という人の知行地になっている。これが谷中という地名が出てくる最初かもしれません。この人は新堀村（日暮里）も持っている。そのころは新しく掘る、という字を使っておりました。江戸の寛延のころになってこのあたりが花や月を見る名所になるにつれ、「日の暮れるのも忘れて遊ぶ里」という意味で、日暮里に変わったようです。

また谷中には冠家と関家という二つの豪族がいました。冠家は今も冠新道に名を残し、経王寺は冠家の寄進したものです。

一方の関家ですが、文永十一年（一二七四）、日蓮が佐渡流罪を許されて鎌倉に向かう途中、このあたりを通ったとき、関家の女房が産気づいて大変に苦しんでいた。日蓮がしゃもじに南無妙法蓮華経と書きまして妊婦に抱かせたところ、あっというまに赤ん坊が生まれたという話が残っています。これも伝説だと思いますが、その関家の長耀が建てた寺が天王寺の前身、日蓮宗の長耀山感応寺で、そしてそのしゃもじを祀っているところが谷中瑞輪寺境内の除厄・安産飯匙《しゃもじ》祖師です。今も両家はご子孫が土地に残っています。またこの人は関小次郎長耀入道道閑と称し、これが道灌山の名の起こりでないかとも言われています。もしかすると大正時代に田端で富豪鹿島龍蔵が芥川龍之介たちと開いていた道閑会というサロンの命名も、ここから来ていたのかもし

日暮里の諏方の台地、広重「名所江戸百景」より、国立国会図書館蔵

れません。

江戸の形成

ここからは江戸の町の成り立ちと谷根千とのつながりを見てみましょう。室町時代後期に太田道灌（資長、一四三二〜一四八六）という人がいて、江戸城を創建しました。扇ケ谷《おうぎがやつ》関東管領上杉家の家臣です。〈我が庵は 松原つづき 海近く 富士の高嶺を 軒端にぞ見る〉という歌を作っています。

文明八年（一四七六）、関東では長尾景春の乱が起こり、道灌は優れた手腕を示しました。そして上杉家の危機を救ったのですが、家臣の声望を妬んだ主君、上杉定正によって一四八六年、殺されてしまいます。彼は、谷根千とはとても深い関係があります。道灌物見塚がある日暮里の山、そこの本行寺はもともと江戸城内にあった太田氏ゆかりの寺です。道灌山という地名もあるほどで、現在、日暮里駅前には太田道灌の銅像が建っています。以前、元都庁があった有楽町の東京国際フォーラムには、谷中に在住した彫刻家、朝倉文夫の制作による太田道灌像があります。

くだって豊臣秀吉が小田原の北条氏を攻めた時に、徳川家康も秀吉の側で軍を出す。権力者の命令を断るわけにはいきません。秀吉が朝鮮半島を攻めた文禄・慶長の役もそうです。みんな九州の名護屋城に陣を敷きました。そのころすでに秀吉は年老いて正常な判断ができなかったんじゃないか、という説もある。それであんな無謀な侵略戦争を起こし、将兵をたくさん死なせたのではないでしょうか。もちろん、朝鮮の人々もたくさん命を落としています。

小田原攻めは文禄・慶長の役より前ですが、秀吉の味方をして勝ってみたら、秀吉は家康に「お前は江戸にいけ」という。「なんで三河の豊かな父祖の地を捨てて、関八州の田舎に行かなければならないんだ」と家康は憤懣にたえません。しかし天下人の命令には背けませんので、「それならそれでいい町を作ってやる」と来てみた。東の方はどこまでも続く茅原で、西の方はどこまでも続く雑木林だ、とガックリする。まさに江戸はそのころ寒村だったのです。

家康は江戸城を作り直しました。千束池などは鳥越の住民に埋め立てを命じて市街地にし、寺を作って人骨を埋めて地ならしをするということをやった。これが天正十八年（一五九〇）のことで、「関東ご入国」「関東お討ち入り」とも言いますが、この時は譜代の忠臣に土地を与えて町を作らせています。青山忠成が拝領したのが今の青山のあたり、内藤清成がもらったのが、今の内藤新宿というように地名に残っています。

家康は江戸城を作るのに運んだ資材の運搬水路をせき止めて堀にしています。一五九二年には日比谷入江を埋め立てました。世界中どんな大都市でも、パリならセーヌ川、ロンドンならテムズ川、プラハならドナウ川、ソウルなら漢江《ハンガン》というように川があることは前提となっています。交通や物流の要衝にもなりますし、水は命の源で農作物も水がないと育ちません。江戸の場合は隅田川が中軸で、これを「大川」と呼び、交通や物流の要衝として大いに役立ててきました。一五九四年には最初の橋として千住大橋がかかりました。

それから家康は力を溜めて関ヶ原の戦いに勝利し、慶長八年（一六〇三）に江戸幕府を創始して、江戸を日本の首都にしたのです。そして大事業を成し遂げた徳川家康は元和《げんな》二年（一六一六）に七十五歳で亡くなり、東照大権現として日光に祀られました。

今では東京という都市がどんどん西の方に伸び、都庁も有楽町から新宿に移転して、隅田川は東京の東の端を流れる川になっています。谷中は、当時はどう見ても場末で、上野の台地は江戸の一番北の丘でした。

大名屋敷

江戸城を中心とする要衝の地には紀州とか尾州とか、水戸とか御三家をおきます。松平家をはじめとする三河以来の家来、旗本、御家人、そういう信頼できる人々でお城の周りを守るわけです。

外様大名にも屋敷を与えて、徳川家光の時代、寛永以降は参勤交代という制度を設け、藩主を行ったり来たりさせて金を使わせる。幕府に反抗する財力を貯えさせないためです。これで途中の宿場も含め、いろんなところに金が落ちた。そして江戸屋敷には奥方とか後継の若君を人質にした。国許には別に側室もいるので、殿様は困りません。最初のころ、上屋敷はおおむね江戸城の近くで大名と奥方が住み、外堀の内側にある中屋敷には隠居とかお世継ぎが住み、下屋敷は川辺や海辺にあって、蔵屋敷を置いたり、避暑や休息用の別荘にも使われたりした。これは大名の格に応じて場所や数が決まっていたようです。

三代将軍家光の子、綱重が持っていた下屋敷に浜御殿があります。これは今の浜離宮です。避暑地として使っていたものです。今ここに東京都の迎賓館を作るという計画があるそうです。綱重がもう一つ持っていたのが山御殿で、ここは今の根津神社のところです。

今も東京に比較的緑地が多いのは例えば水戸藩の小石川後楽園、柳沢吉保の六義園、南部家下屋敷が有栖川宮記念公園、内藤家下屋敷が新宿御苑、細川家下屋敷が肥後細川庭園と、大名屋敷が公園になって残っているからです。

氏家幹人『江戸藩邸物語』ではこうした大名屋敷に勤める武士たちの衿持や作法が述べられています。例えば藩邸を頼って駆け込んだ者は、追手に渡さず匿うのも藩邸の大きな役割でした。

旗本屋敷、組屋敷

神田というと勇み肌の江戸っ子の本拠地みたいなイメージですが、神保町は神保さんという旗本屋敷が、錦町は一色さんという旗本が二人いたのでこんな名前になったとのことです。小川町のあたりもみんな武家屋敷です。麹町はそれより先に旗本が拝領した屋敷がありました。番町というのは東京でも最も格の高い住宅地ですが、幕府創立以前に、大番六組に与えられた土地です。

屋敷は石高によって広さが違い、七千から一万石の旗本は五十間四方といいますから二千五百坪もあたえられたようですが、二、三百石になると六百坪くらいですね。それでも結構広い。三遊亭圓朝の作品などを見ても、牛込、四谷、小石川あたりの旗本屋敷がよく登場します。

下級幕臣である御家人はそれに対し、組屋敷といって、集団で庭付きタウンハウスみたいな形で住む。例えば日本橋の近く八丁堀は町奉行所の与力や同心が住んだ。今でいえば国や都の職員住宅といったところでしょうか。御徒町《おかちまち》は幕府の御徒が、青山御掃除町は御掃除之者が、新宿百人町は御鉄砲組が、本郷弓町は弓組、四谷伊賀町は伊賀者、元の駕籠町は御駕籠之者の住んだ土地です。いまは千石なんていう千川と小石川を足して二で割ったような場当たりな名前がついていますが、元は駕籠町といっていました。国分寺と立川の間で国立とか、こういう意味のない命名はやめてほしいものです。

こうした家は組屋敷の総門を入ると、一区画百三十坪くらいで、冠木門《かぶきもん》がつき、玄関三畳、その他に八畳と六畳の屋敷、それと台所と雪隠（トイレ）があるくらいで、下級武士は町湯屋に通っていたようです。庭では畑を作っていました。こうした武士たちを管理したのは大目付、小目付といわれる幕府の役人でした。邸はすべて給付地ですから、勝手に売買はできません。「お役御免」になれば、役宅は御公儀に返却しなければいけませんでした。

九尺二間の棟割長屋

江戸の町は、およそ七割の土地を武士が占めていて、残りの半分が寺社地、そしてその残り一割五分に町人がひしめいていました。これも表通りには地主や店舗を持つ者が暮らし、そこから横丁を入っていくと裏店《うらだな》といって、いわゆる裏長屋に店の奉公人、職人、芸人、行商人などが住んでいました。

「九尺二間」というのは狭い家の代名詞ですが、こうした裏長屋は一間半の間口で奥行き二間、これでは玄関入って煮炊きする土間が三畳分と、その奥に寝る場所が三畳あるだけ。棟割長屋なので、奥も壁になっていて、風通しも悪い最低限の住まいです。台東区下町風俗資料館などに行くとその再現が見られますが、簡単な煮炊きの道具と茶碗、お椀、はしなどの食器、煎餅布団に、着るものを入れる桑折《こおり》が一つくらいの簡素さです。江戸は火事が多いので、持ち物が多くても結局焼けてしまう、シンプルイズベストなんです。〈長持に春ぞくれ行く更衣《ころもがえ》〉という井原西鶴の句があります。着るものはシーズンが終わったら質屋に入れておけば、その方が場所ふさぎでなく助かります。

水は路地の井戸で汲みます。そこで朝、女房たちのおしゃべりが始まる。ときどき水が悪くなるとみんなで井戸さらえとか井戸替をします。水の悪い地域では水を売りに来る人もいました。江戸がリサイクル社会であることは一時、エコロジーの立場から注目されましたが、煮炊きの灰、反故《ほご》紙も買いに来たそうです。神田川沿いの柳原土手には古着屋の市がたち、住民の排泄物は近隣の農家が肥やしにするために持っていきました。

この庶民が暮らす町地も土地を持つもの（地主）と家を持つもの（大家）、それを借りるもの（店子）と分かれていました。地主は不在のことも多いですが、大家は棚賃の徴収を行い、お上からの町触れを徹底し、人別帳を管理する。上意下達と治安維持に努め、住民たちの世話を焼いたので「店子にとって大家は親も同然」などという言葉が生まれました。落語には横丁の変わり者やおっちょこちょいの八っつぁん、熊さんとともに、人のいい大家さんがよく出てきます。

佃島

話は谷根千からはずれますが、地図を見てみますと、江戸時代、江戸湾には佃島、これしかありません。江戸湾は幕末になると海防のためのお台場が築かれ、近代になると月島とか東京中から出たゴミで夢の島とかいろいろ埋め立てられていますが、江戸の最初には佃島しかなかった。元は鉄砲洲向島といいます。これも簡単にお話しすると、家康が大阪城攻めをするときに、摂州佃の漁民が協力したというので、家康は大いに喜んで、「お前たち、江戸に来ないか、江戸前の魚は皆お前たちのものじゃ」と言ったので、彼らが来て住み着いた。これについては『佃に渡しがあった』という本を二十五年ほど前に書きました。尾崎一郎さんが撮った写真を中心としたものです。

ジョルダン・サンドさん（現在ジョージタウン大学教授）と佃島に夏中通って写真に写っている家や物や人の聞き書きをしたのですが、ここでは闘鶏の風習があった。言葉も大阪の言葉が残っています。戦後までこの佃から「棒手振り」といって魚やカニの行商人がうちの町にも売りに来ていました。小魚は腐りやすいので獲ったらすぐ甘辛く煮付けた。これが「佃煮」で庶民の朝ご飯に欠かせない保存食でした。今でもここの漁師さんたちは徳川家に白魚献上をやっています。まさか江戸前で獲ったものではないでしょうけどね。

ここで七月に行われる盆踊りは仮装もするのですが、隅田川、江戸湾の海難事故で死んだ人々の霊を弔う幽玄なものです。アカペラで歌い、炭鉱節や東京音頭のような拡声器騒音の派手なものではありません。佃島は谷根千と同様、震災前からの建物が残る希有な町です。

寛永寺とそれに続く寺町

寛永二年（一六二五）、天海僧正という人が、江戸の町の艮《うしとら》の方角、北東の鬼門沈めとして、この上野という最北の丘の上に寛永寺を作ることを将軍家光に進言しました。必ずしも幕府はこれを支持したわけではなかったようで、公《おおやけ》には何も協力していないそうです。天海さんが自主的にお金集めをして、これを建てた。幕閣でも土井利勝は鐘楼や五重の塔を寄進しています。しかしこれが谷中の街の形成には大変大きな意味を持っています。いつ東北とか、房総半島から徳川家を攻めてくるかわからない。その時の備えでもあります。

この寛永寺は、京都の町を守っている比叡山延暦寺、これを模して東叡山と称す。さらに延暦寺というのは勅許を得て年号を寺号にしていて、これはとても寺格が高い寺です。例えば京都の仁和寺、鎌倉の建長寺などもそうです。これにならって寛永年間に作られたので寛永寺としました。そして不忍池は琵琶湖に見立て、弁天島は竹生島《ちくぶじま》に見立てる。このおかげで不忍池は埋め立てられないですんだのです。清水堂は清水寺に見立てるというように、京都を守るシステムをここに写しました。

天海さんは清水堂を建てて、志半ばで亡くなりますが、それでも百八歳まで生きたというのは本当のようです。

その後、綱吉によって元禄十一年（一六九八）には根本中堂が今の噴水などがあるあたりに完成する。寛永寺の浦井正明先生に伺ったことですが、これはあの巨大な奈良の東大寺の大仏殿に匹敵するほどの大きさだったそうです。これこそ元禄文化の象徴ではないか、とおっしゃっていましたが、残念ながら上野戦争で焼けてしまいました。『彰義隊遺聞』を書いたときに浦井先生にはいろいろ教えていただきました。

寛永寺から谷中にかけてはお寺を配置して、万が一、北のほうから謀反を起こして攻めてきたらここで食い止める。こうして江戸時代に寛永寺は最大一万千七百九十石という知行をもち、天皇の御子を輪王寺宮にお迎えして、日光、比叡山の座主も兼帯して、事実上天台宗の江戸の本山になる。そして家綱、綱吉、吉宗、家治《いえはる》、家斉《いえなり》、家定の六人の将軍が寛永寺に葬られました。

加賀百万石の金沢もそういう仕掛けを作っています。だいたい城下町は枡形《ますがた》といって、道が直進できないようになっているのですが、上野や谷中あたりもよく見るとそうなっているような気がします。ところが歴史は思い通りにならないもので、徳川幕府の仮想敵だった仙台藩など東北諸藩は最後まで幕府方につき、百万石の加賀前田家も戊辰戦争では動きません。江戸幕府を攻めたのは、むしろ長州とか薩摩とかいう西国の雄藩でした。

そして裏鬼門、江戸城にとって南西の方角に当たるところにもう一つ大きな寺をということで、浄土宗の三縁山増上寺を芝におきました。増上寺はもともとは日比谷にあった寺ですが、芝に移しました。寛永寺と増上寺、この二つが江戸では一番寺格が高い。双方とも最初は国の安泰を祈る寺だったのですが、だんだんに将軍の菩提寺にもなります。増上寺には秀忠、家宣《いえのぶ》、家継、家重、家慶《いえよし》、家茂《いえもち》の六人の将軍が眠っています。

家康と祖父を慕った家光は日光東照宮に、そして十五代将軍の慶喜《よしのぶ》は大正二年に、将軍をやめてから半世紀して亡くなり、神式で谷中霊園内に眠っています。

将軍が歿すると、この二つの寺に均等に分けて廟を作る。御台所や若殿様、お姫様が亡くなっても加増になる。大奥に女性はいくらでもいるので、将軍の姫や殿もたくさん生まれるんですが、なかなか育たない。それは乳母が白粉を塗ったおっぱいを飲んで鉛毒で死んだとか、毒殺されたとか諸説あります。というか、当時は「七つ前は神のうち」といって、そもそも子供が無事に育ち上がることの方が珍しいくらいでした。亡くなるたびに回向料が加増になります。それでどちらも一万千七百九十石になっていました。大名並みの知行を持っていたということになります。やがて寛永寺の領地は日暮里、坂本、赤羽、稲付など荒川沿いの肥沃な土地に広がっていきました。

時を知る

上野の精養軒の近くに、今も「時の鐘」が残っています。江戸時代には一般の家に時計はないので、江戸城内にある大名時計といわれる時計に合わせて鐘をつき、これを石町《こくちょう》、本所、上野、芝、浅草などに突き送るという方法がとられていました。石町に最初の鐘が置かれたのは寛永三年（一六二六）です。上野の鐘は寛文六年（一六六六）にできました。現存するのは天明七年（一七八七）の鐘です。芭蕉の句に〈花の雲鐘は上野か浅草か〉があります。

江戸の時は、今のように定時法ではなく不定時法です。これは一日の夜を六等分、昼を六等分するやり方で、冬の夜は長く、昼は短い。反対に夏の夜は短く、昼は長い。電気などのない頃、

上野に今も残る「時の鐘」

人々は夜明けとともに起き、夜更けとともに仕事を終える。だから「大工は夏に頼め」と言われたものです。

実際には朝の暗いうちに起きて動きだす人もいました。「お江戸日本橋七つ立ち」というのは明けの七つ時、まだ暗いうちに日本橋から旅に出ることを言います。暮れ六つとは日暮れの六つ時のこと。お八つというのは八つ時に食べる間食のこと、「草木も眠る丑三つ時」とは夜中です。こんな風に言葉としてはまだ生きています。

〈貧乏といえど下谷の長者町上野の鐘のうなるのを聞く〉という狂歌があります。下谷の長者町というところは名前とは違い、貧乏人ばかり住んでいたのですが、それでも上野の鐘がうなるのは聞こえるんだから贅沢なもんさ、というのんきな歌です。ところで、上野寛永寺にはたしかにふんだんにお金があって、それを貸し付けていたとも言います。本当に蔵に金がうなっていたかもしれません。

そして明治四年に廃止されたはずの時の鐘ですが、驚くことには今も朝夜の六時と正午に上野では突いているそうです。〈行く秋の鐘つき料を取りにくる〉という正岡子規の句は、まだ明治三十年代、上野周辺の町では上野の鐘の音を聞かせてもらう料金を取りに来てい

不定時法の時計である大名時計

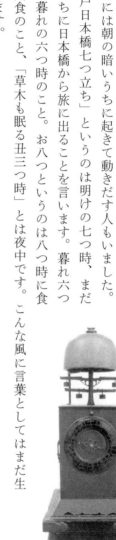

たということだと思います。まだ時計のない家が多かったんでしょう。明治四年からは江戸城旧本丸で正午に午砲が鳴らされました。昔は土曜日のことを「半ドン」と言ったものですが、お昼の空砲で仕事がやめられるからという説と、休日をオランダ語で「ゾンターク」という、これが半分になるので「半ドン」なのだ、という説があります。

谷中には上口愚朗さんが集めた大名時計博物館があって、こうした江戸時代の時について知ることができます。

谷根千の地形と藍染川

谷根千の地形を見てみると、上野の山があって、根津の谷があって、本郷の山がある。その間に不忍池があります。

先に縄文時代は「縄文海進」といって、今より海がずっと高かったと言いました。縄文の海の水が引いて最後に根津の谷に残った一条の川が藍染川なんです。

これも諸説ありますが、高台の洪積層、関東ローム層の中を通った地下水が出てきたものと考えられています。資料に水源地は渋江長伯がお預かりの巣鴨御薬園と出てきますが、あまりはっきりとはしていません。石神井川の本流だったのですが、江戸時代に王子のところで工事をして切り通しにし、上野台の地側に沿う音無川の方に流れが変えられたという説もあります。

藍染川は上流では谷田川または谷戸川といいました。その名残としては、動坂から田端の方に行く途中に谷田橋というのがありました。そこには今も谷田橋薬局があります。またこの川は流域によっては境川とか蜆川《しじみ》ともいいまして、農村の間を流れていました。

明治四十一年の夏目漱石の『三四郎』には、その谷田川のほとりを三四郎と美禰子が菊人形を見た帰りにデートする場面があるのですが、向こうに農家があって柿を軒に干している、大根を洗う堰がある、と本当にのどかな風景です。今は不忍通りの高層ビル群になっているあたりの、百年以上前の風景です。


藍染川は農地から市街地に近づくにつれて水が汚くなり、根津から不忍池に落ちます。江戸の頃、不忍池は今の二倍の大きさがあって、二十二ヘクタールはあったと言われていますが、それがどんどんヘドロがたまって汚くなるので、浚渫《しゅんせつ》をすると土手ができる。その土手の上であらゆる見世物を行い、出会茶屋という不倫の男女が逢引きをする怪しからぬ場所もできる。見つかったらもちろん死罪なのですが……。

寛永寺の宮様は環境保全を断行しますが、少しするとまた風紀が緩んで同じことが起きる。それを繰り返すうち、池とその土手の間に細流ができまして、これを忍川といいます。

それが流れて、一つに合わさるところが今の台東区立下町風俗資料館のあたりで、「どんどん」と呼ばれる堰でした。

そこから今度は上野広小路を横切って流れます。ここには三橋という三本の橋が架かっていて、真ん中の橋は将軍様しか渡れません。その三橋のところで義民として知られる佐倉惣五郎が将軍に、農民の苦しさを直訴したという話も芝居などになっています。今でもこの近くに「みはし」というあんみつ屋が残っています。

三橋を通過した川は三枚橋の下を通り、三味線堀から隅田川へ落ちていきます。三枚橋と三橋をよく混同する本がありますが、三枚橋は御徒町のあたりにあった橋です。作家の幸田露伴はそのほとりで慶応三年（一九六七）に生まれています。

上野の山にも最初、藤堂、津軽、堀などの大名屋敷があったと言われています。いえ、それは計画だけで実際にはなかったようだという説もあります。ともかくそこに寛永寺を作り、

明治後半の谷田の田んぼ。「丁子屋」提供。「谷根千同窓会」より

谷中に神田北寺町あたりから寺を移転させました。神田は江戸城のお城下の大事なところですから、寺を郊外に追い出したわけです。

また明和九年、「迷惑」年の火事の後にも谷中にはたくさんの寺が引っ越していて、現在、寛永寺の塔頭（下寺）を含めると、谷中には百くらいの寺があります。東京でこんなにお寺が密集しているところは他にはないでしょう。寛永寺が出来る前から谷中にあったお寺は大行寺、玉林寺、一乗寺、本立寺、加納院、常在寺、妙雲寺、永久寺などです。ここで少し寛永寺の話をしておきましょう。

初音の森の謎

寛永寺にはすごい仕掛けが作られます。創建者の天海さんが考えたことのようですが、そこの住職には、三代目からは京都から一品親王をお迎えして、天皇の御子に徳川幕府の弥栄《いやさか》を祈らせようというのです。それまで二代目は天海の弟子の公海です。この二人を両大師と呼び、現在も祀っています。

正保四年（一六四七）に後水尾天皇の第三皇子、守澄《しゅちょう》法親王が最初の輪王寺宮門跡になっています。これはいわば政略です。幼い頃に京都から連れてこられた少年は寂しい思いをしたでしょう。十三歳で江戸に下っています。

余談ですが、後水尾天皇は幕府の政略で、秀忠の娘の和子《まさこ》を中宮に押し付けられています。それと春日局が無官のまま参内したことにも激怒して、三十歳ぐらいで娘の興子《おきこ》内親王に天皇の位を譲ってしまう。これが明正天皇という女帝です。一六二九年から一六四三年まで十四年間、天皇でした。そして後を後光明天皇（第四皇子）が、さらに後西天皇（第八皇子）、霊元天皇（第十九皇子）が継ぐのですから、守澄法親王は四人の天皇の兄弟ということにもなります。この四人とも生前退位しています。後水尾天皇には三十人もの子供がいて、天皇になれない男子はたいてい寺の門跡になっています。

一品というのは、帝位につく権利のある高位の宮様で、後には親王の子を天皇の猶子《ゆうし》（後継）として寛永寺に送り込んできたこともありました。このあたりは建前と本音があります。例えば、十三代将軍の正室であった天璋院篤姫なども五摂家のひとつ近衛家の姫ということになっていますが、本当は薩摩島津家の傍系のしかも庶腹の娘。なんでもかんでも養子とか養女にして、一応形をととのえ、家柄ロンダリングをしてしまう。

江戸時代の大名家などを見ても多くは養子養女です。十一代将軍の家斉などは漁色家で、子供が五十人以上生まれたので、それをどこかの大名の後継にしたり、嫁がせたりして、勢力を拡張する。鈴木理生《まさお》『お世継ぎのつくりかた』はたいへん面白い本ですが、江戸時代は男子の名儀による相続で、その母の出自や身分は問わないのが特徴だそうです。

さてこの寛永寺の宮様の威力たるや、天皇の子供で、一万石以上という大名並みの知行を持ち、天台座主という宗教的な権威を持ちと、大変なものです。京都のウグイスに比べると鳴き声がひなびて下品だね、と宮様がおっしゃったというので、わざわざ京都からウグイスのひなを取り寄せて放ったというのが、谷中の初音町の名前の起こりでもあり、鶯谷の地名の起こりでもあるのです。JR鶯谷駅では環境音楽のように鶯の声が聞こえますが、その由来を知る人は少ないでしょう。

寛永寺の長臈、浦井先生にお聞きしたところでは、寛永寺には七つの門があり、そこは山同心といってガードマンが巡回警備していたとのこと。寛永寺の中には僧侶だけでも五百人ほどはいたそうですが、その世話をする煮炊き、洗濯、掃除などの人もいる。そんな世俗のことを司る寺侍という、会社でいえば総務部のような事務方もいました。

また寛永寺の中では将軍の祥月命日とか、御台所とか若殿、お姫さまの法事とかをしょっちゅうやっていまして、時には将軍自らも参拝しますし、代参もさせます。だから江戸城から上野への道を御成道といいます。それから各大名も徳川家に忠誠を示すために頻繁にお参りに来ます。その時には各宿坊が装束改所《しょうぞくあらためじょ》となるわけです。上野の山の入り口は上野広小路といって、両国の広小路と並ぶ一大盛り場になります。ここで火事が起こっては大変なので、広小路というのは、広く開けて火除け地を作ったことからつけられた名称です。

千駄木は寛永寺の薪場だった

千駄木という地名は、今は一丁目から五丁目になっていますが、明治の駒込千駄木林町は、寛永寺の東照宮領で、寒松院、東漸院という二つの塔頭が管理する林、千駄木御林というところでした。その両院の地境の長いまっすぐな道が今も残っています。団子坂の上の小さな公園の角を入る道で、その先右側に現在の私どもの谷根千工房があるわけです。ちなみに、この入り口の小公園のところにあった高山質店は宇野浩二の『蔵の中』に出てくる質屋です。そうご子孫から聞きました。

一方、上野花園町という不忍池に近い低地は、寛永寺のために仏花を育てていたところだそうです。明治二十二年ごろに森鷗外が結婚してここに住んでいました。

駒込村の名主たち

ついでに千駄木の話をしておきましょう。

私が生まれたのは文京区駒込動坂町三二二番地ですが、このあたりの町の住所には皆頭に駒込とついていました。駒込千駄木町、駒込林町、駒込蓬莱町、これは昔の駒込村のうちですから、そういう名称になっているのです。駒込村には今井家とか高橋家とか倉石家とか、大きな農家がありました。それから伊藤家は染井あたりの植木屋で、ツツジや菊の改良で有名です。ここには将軍がわざわざ盆栽を見にきたりしました。他にも駒込の名主である高木家には江戸時代の建物が残っています。

さて、江戸の郊外村落では、江戸の市民のための蔬菜類を作っていまして、今の本郷通り、岩槻街道沿いに天栄寺というお寺がありますが、そこにやっちゃ場の跡の石碑があります。つまり近郊から運んできた農作物の市が開かれ、江戸城で用いる野菜もここで仕入れていたということです。「一富士二鷹三なすび」という言い方がありますが、これは駒込には富士神社、鷹匠屋敷、そしてナスなどを売る野菜市場があったことをいうものです。

その先まで行くと、駒込に六義園という大名屋敷の跡が残っていますが、これは五代将軍綱吉の寵臣であった柳沢吉保が造成したもので、曲折の末、維新後は三菱の岩崎家の持ち物となりました。山手線を通す時は岩崎家から土地を買収してその敷地内を通したようです。岩崎家の土地は今の豊島区にも広がっていて、今も三菱系の社宅やスポーツクラブになっています。

〈本郷もかねやすまでは江戸の内〉という川柳があります。これは本郷三丁目の交差点の角に今も「かねやす」というビルがありますが、相撲の触れ太鼓が本郷三丁目まで来てそこから戻っていく、この先は駒込村だからということなのです。本郷通りは岩槻街道といい、昔は埼玉の農家が人糞を汲み取りに来たことから「オワイや街道」などと言われました。この道沿いに加賀藩邸、水戸藩邸、本多邸、福山藩の阿部邸、土井邸などがあったことが江戸時代の切絵図ではわかります。

鷹狩りの帰りに家光、恩ある英勝院を見舞う

団子坂を挟んで、反対側の駒込千駄木町、鷗外や漱石が住んだところは太田備中守の大名屋敷です。備中守といっても岡山の城主というわけではありません。当時の官名なので切絵図には摂津守と出てくる時もあります。ところでこの太田家は、そもそもこの江戸という土地に前からいた太田道灌の子孫です。今も太田家のご子孫がお住まいですが、江戸の最初から屋敷は動いていません。そのくらい大事にされた。

三代将軍家光が、鷹狩りの帰りなどに、この千駄木邸に寄ったという記述があります。家光の父母は二代目秀忠と継室のお江です。お江は前にNHK大河ドラマになりましたが、北近江の浅井長政と織田信長の妹、お市の方の間に生まれた三女ですね。長女

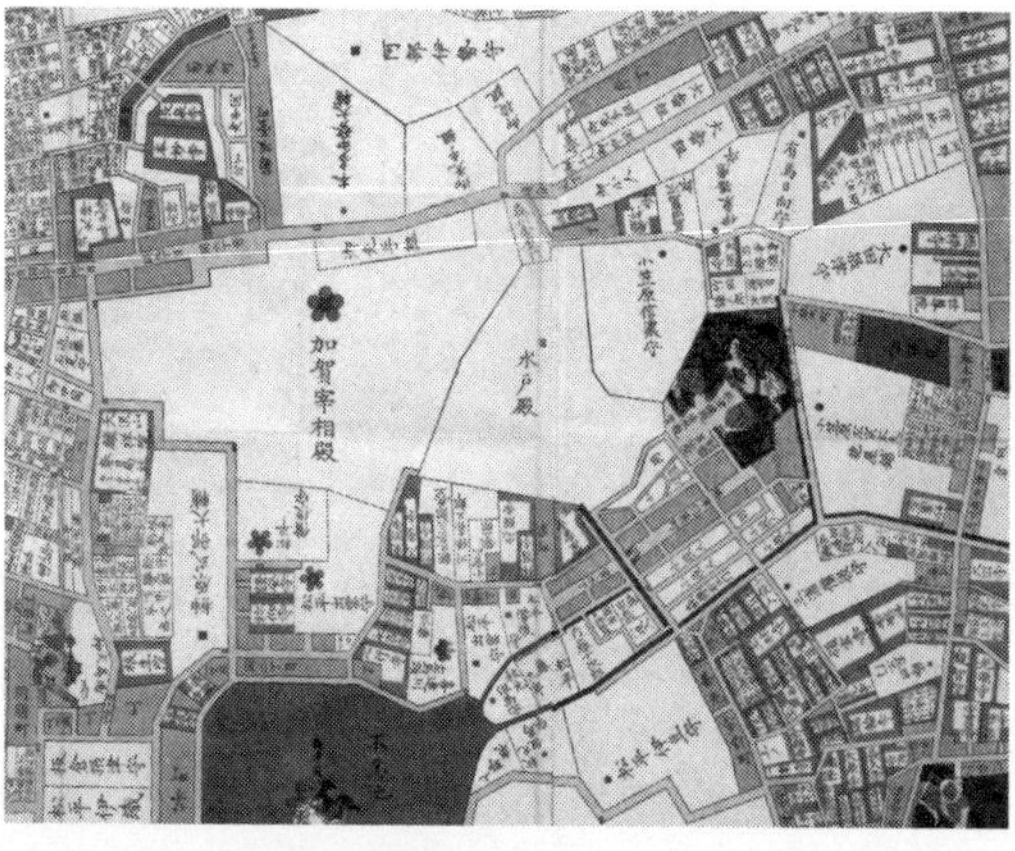

嘉永六年尾張屋版江戸切絵図・本郷湯島絵図の部分。加賀宰相殿の上の道が現本郷通りで、岩槻街道。国立国会図書館蔵

が秀吉の側室となった淀君で、次女は京極高次に嫁いでいます。さて、秀忠夫婦は、家光よりも弟の忠長の方を可愛がっていた。確かにその当時は長子相続が一般的でもなかったようなのです。ところが家光の乳母となった春日局が家光をどうにか将軍にしたいと、家康の側室だったお梶の方（お勝の方）を味方につけたのです。

お梶の方は太田道灌の曾孫にあたる太田康資の娘とされており、十三歳で家康に召され、子供は一人産みましたが育ちませんでした。美貌と才知に加え、勇気まであった女性で、二十人ほどいる家康の側室の中でも特に愛され、関ヶ原の戦いまでも同行しています。勝利した後にはお梶という名をお勝と変えています。

そして彼女は御三家となる水戸藩の徳川家初代藩主頼房の養母にもなり、春日局とタッグを組んで、家光を将軍の位にもつけます。家光は彼女たちにすごく感謝しました。一方、弟の忠長はついに、謀反の志があるというので幽閉、自刃させられます。

お勝の方は英勝院となって千駄木の太田邸に隠棲していました。だいたい、将軍が死ぬとどんな若い側室でも、髪をおろして尼となり、あとは亡き将軍の菩提を弔うだけの人生になるわけです。彼女が病の床に伏した時、家光は心配して、まず三千両を見舞いし、春日局や医者を遣わし、ついに自分でも見舞っていますが、これは異例のことでしょう。とにかく、その頃、将軍のお狩場が千駄木から王子にかけてだったということからも、いかにこのあたりが森林だったかがわかります。日暮里の浄光寺は家光が狩りの際にお昼食《ちゅうじき》、つまりランチをとったという寺です。

この家光という人は、元来体が弱く、青年の頃は男色家だったそうですが、のちに女性にも興味を示して多くの側室を持ちました。四十八歳で突然死しています。

春日局

家光の乳母であった春日局は私たちの町と大きな関係があります。文京区役所もある春日という地名は、このあたりが春日局の領地だったことからです。

春日局の人生にはかなり不明なところがあります。本名を福といい、天正七年(一五七九)生まれ、父は斎藤利三で、美濃斎藤氏の一族。母は美濃の稲葉家の出身、生誕地は不明です。父は織田信長を討った明智光秀の家来として磔《はりつけ》になり、福たちは親戚を転々、十七歳の時に母方の親戚稲葉正成と結婚。夫は小早川秀秋の付家老として関ヶ原の戦いでは寝返って徳川方についた。しかしいろいろあって浪人する。

四人の男子を産んだ福は二十七歳の時、秀忠の次男竹千代の乳母に応募したところ、板倉勝重の眼鏡にかない、夫と息子を残して江戸に向かう。この板倉家の屋敷も江戸時代、団子坂周辺にありました。大奥に入った福は家光を将軍位につけ、大奥制度を整え、幕府と朝廷の和解の使者にたち、異例なことに後水尾天皇に拝謁、春日局の称号を賜った。春日局の墓は湯島の麟祥院にあり、卵塔墓なのですが穴が空いており「世の中を見通す」とも言われ、また「通る」ことから受験生のお参りが多いようです。

夫の稲葉正成の墓は上野寛永寺現龍院にあります。続けて、彼女の長男、稲葉正勝は家光の小姓（御学友）から出世しましたが、千駄木の養源寺にお墓があります。

春日局を現代的な観点から見ると、夫を捨て、自分の赤ん坊を置き去りにして、権力者の乳母になり、それを活用して大勢力を築いた、権勢欲の強い女と思われるかもしれません。しかし残された手紙から推測するには能力の高い、知性溢れる女性だそうで、あの時代に女性であそこまで活躍できたのも画期的ですが、主君に忠義を尽くし、幕府を安泰にするのに貢献した、といえそうです。蛇足ですが大河ドラマ『春日局』主演の大原麗子さんは亡くなられましたが、文京区小石川のお菓子屋さんの娘さんです。

真島町と三浦正次

谷中はほとんどが寺町ですが、唯一、真島町には美作勝山の領主三浦正次の屋敷がありました。このあたりで家光が狩りの途中、手負いのイノシシに襲われたところを正次がそのイノシシをやっつけて命を救ったので、将軍は「この辺をみんなお前にやる」と言って、そこに屋敷ができたということです。

この三浦正次も家光の小姓で、いわば春日局学級の生徒。彼女の息子稲葉正勝、松平信綱、堀田正盛、太田資宗、阿部忠秋、阿部重次もそうです。この中で、太田資宗は春日局とタッグを組んだ英勝院の実家の子供で養子です。堀田正盛は福の夫、稲葉正成と前妻との間の娘のまた息子、いわば福から見れば、外孫です。権勢の安泰のためには身内は徹底的に使ったのでしょう。堀田正盛は老中になっています。息子と孫を主君家光の側近にして、立場を固めた。しかもそのまた子供の堀田正俊を春日局は養子にして、この人はのちに大老になります。

慶安四年（一六五一）に家光が亡くなると、この六人のうち、堀田正盛や阿部重次は殉死します。その家来もまた玉突きのように殉死します。この殉死への疑問を書いたのが、森鷗外の『阿部一族』です。鷗外は明治天皇の死後、乃木希典《まれすけ》夫妻が後追い自刃をしたことにショックを受け、この作品を書いたと言われています。

松平伊豆守屋敷

今は池之端になっていますが、元谷中清水町といったあたり、上野高校のあるあたりから根津までの間は、松平伊豆守信綱、いわゆる「知恵伊豆」の屋敷でした。上野の山に沿う要衝の地ですので、譜代の大名に屋敷を与えて守らせたのだと思います。松平信綱は今の埼玉に生まれ、家格はそれほど高くありませんでしたが、家光のご学友から取り立てられたクソ真面目のキレものでした。

寛永十五年（一六三八）、天草の乱の鎮圧に乗り出して、キリシタンの農民を三万人ほとんど一人残らずに斬首にしました。そんな苛烈な面も持っていたかと思うと、明暦の大火の際には大奥の女性たちが避難できるよう、畳を裏返して避難路を示したということです。また家光が亡くなった際に殉死しなかったといって非難されましたが、これは次の家綱の補佐をするようにとの家光の遺言でした。松平信綱は期待にたがわず、さっそく丸橋忠弥、由井正雪などの慶安の変も収めています。そして殉死の禁を出します。松平伊豆守のお墓は野火止の平林寺にあります。

この子孫の最後の殿様が、大多喜城主だった大河内正敏子爵で、大名であるうえ頭も姿もよく、理研コンツェルンの三代目所長になりました。理化学研究所は五十年ほど前まで、駒込の六義園の近くにあり、戦時中は原爆の開発・研究をしていたことでも有名です。現在はURの住宅群になっています。

谷中寺町の完成

寛永寺の創建後も、谷中にはお寺が増えていきます。慶安年間に神田から多くの寺が移動してきまして、その門前に町家ができていきます。また明暦の大火（一六五七年）、いわゆる振袖火事の後にも寺が増えます。これは本郷丸山にあった本妙寺という寺が火元でした。死んだ娘の振袖を親が不憫に思って棺にかぶせて火葬にしたところ、その振袖に火がついて舞い上がり、江戸中を焼いたといわれています。死者十万人、神社仏閣三百を焼いたという大火事でした。この後の復興の際、火除け地として道路を拡張、また類焼を防ぐため家々の庇《ひさし》を短くしました。

これは四代将軍家綱の時代のことでした。家綱は家光の子で、体も弱く、温厚な性格で政治は松平信綱や大老の酒井忠勝に任せた。十一歳で将軍になり、延宝八年（一六八〇）に心臓病で四十歳で急死しました。大老の酒井忠清は、京都の有栖川宮を宮将軍にしようとしますが、老中堀田正俊が反対して、家綱の弟、館林宰相綱吉が五代将軍になります。

綱吉は、家綱時代に権勢を振るった酒井忠清を追い落とし、自分を支持してくれた堀田正俊を大老にします。先に述べたように、この人は春日局を養母とし、春日局の孫、稲葉正則の娘と結婚しています。綱吉の前半の善政「天和の治」はこの人の補佐によるものと言われています。

お七火事

本郷に関係ある事件で、天和二年（一六八二）、駒込大円寺から出た火事は八百屋お七の火つけといわれていますが、これけっこうややこしいんです。本郷追分の八百屋の娘が天和二年の火事があった時に、仮越し先の寺の小姓に恋をした。また火事になればあの人に会えるという浅はかな心から、翌年放火をした。こちらはボヤですんだのですが、お七は捕まり死罪となる。もちろん、失火でも斬罪という時代です。私が子供の頃に読んだ伊藤晴雨の『文京区絵物語』には縛られて馬に乗せられ、刑場に運ばれるお七の色っぽい姿が描かれていて興奮したのを覚えています。さすがに縛りを描いて有名だった伊藤晴雨の挿絵でした。その本によれば、お七は町奉行のお白州で「その方まだ十四歳であろう」と言われたのに「いいえ、私は十五歳でございます」と答えて鈴ヶ森の刑場で火あぶりの刑になったといいます。十四歳までは罪を問われなかったので、お奉行は助け舟を出したのでした。

そしていつのまにか、天和二年の大火事が「お七火事」ということになってしまっ

伊藤晴雨によるお七の絵、『文京区絵物語』より

た。しかし大名屋敷だけでも七十五、旗本屋敷が百六十六、神社が四十七、寺院が四十八も焼けた大火事でした。お七と吉三郎の比翼塚が吉祥寺にありますが、吉祥寺というのも恋人の名が吉三郎というのも、後から作られた話です。

お七は井原西鶴の『好色五人女』に描かれ、歌舞伎や浄瑠璃、歌川豊国の錦絵にもなり、メディアミックスで今に残る名前になっています。一方、八百屋お七のお墓は白山の円乗寺にありますが、当時、刑死者の墓を建てられるかという疑問が出されています。この寺はビルの谷間になり、最近、境内をマンションタイプの墓地にする工事を行って、入り口にあった祠や本郷の名店の名を刻んだ石垣も壊し、往時の面影を消してしまいました。『吾輩は猫である』に登場する西川牛肉店の名前も刻まれ、実在を証拠立てる塀でしたので残念です。

不受不施派

さて、谷中は「谷中法華」というくらい日蓮宗のお寺が多いのですが、当時の谷中感応寺も日蓮宗でした。日蓮宗の一部には江戸以前か

『吾輩は猫である』にも出てくる西川牛肉店の実在を示す貴重な円乗寺の石塀。今はもうない

ら「法華経の信者以外からは布施を受けない、信者以外には供養をしない」という不受不施派がありました。これは日蓮の教えそのものでもあります。京都妙覚寺、池上本門寺、中山法華経寺などの名刹も他宗と交じらず、教義の純粋さを守ろうとしました。

寛永年間に江戸城内で、大本山の身延山久遠寺と池上本門寺が幕府の命により身池対論を行っています。宗教に幕府が介入して不受不施派の僧侶は遠島となりました。また天和年間には、幕府は不受不施派の寺には信徒の寺請をさせない、という弾圧を行いました。これで不受不施派は異端ということになり、そちらに与《くみ》した谷中感応寺からも住職が八丈島に流されました。感応寺も廃寺になりそうになりました（一六九一）。

この時、寛永寺の第五世の公弁法親王は、「では感応寺を天台宗にするが良い」と助け舟を出してこの寺は廃寺を逃れるのです（一六九九）。この方は後西天皇の第六皇子で、寛永寺に入ったのは二十一歳です。慶運が天台宗天王寺の第一世となり、毘沙門を本尊とし、日蓮の像（祖師像）は近くの名刹、瑞輪寺に移されました。

赤穂事件

元禄時代というと、派手な文化が花開いたように思われています。元禄二年（一六八九）には松尾芭蕉が「奥の細道」の旅に出ます。その健脚ぶりと謎の多い行程から、芭蕉は隠密（諜報員）ではないかとも言われていますね。元禄六年には大阪の天才、『好色一代男』や『好色五人女』を書いた井原西鶴が死去しています。

この時代も火事が多く、元禄八年、四谷塩町から出火し六万軒を焼いた火事。元禄十一年、新橋から出火して大名屋敷八十三、旗本屋敷二百二十五、寺院二百三十二、町家一万八千七百三軒を焼いた「勅額火事」。これは上野寛永寺の根本中堂が落成し、勅額が江戸に到着したその日のできごとです。元禄十六年、小石川の水戸邸から出火して本郷、下谷、浅草から本所、深川まで焼いた、いわゆる「水戸様火事」。さらに宝永四年（一七〇七）には富士山が噴火して江戸に灰が降ります。

また、麻疹や疱瘡も流行しますし、庶民はとてもテレビドラマのように元禄文化に浮かれてはいられませんでした。大変な時代でした。

なかでも人々がアッと驚いたのは、元禄十四年に浅野内匠頭《たくみのかみ》が殿中松之廊下で吉良上野介《こうずけのすけ》を刃傷沙汰に及び、切腹を申し付けられたことでした。朝廷からの使者たちをもてなすご馳走役を仰せつかった浅野内匠頭が、指導役高家筆頭の吉良上野介のいじめを恨んでの仕業と思われた。詳しい事情はわかりませんが、当然お家は断絶です。

ところがそれから一年九か月後の十二月十四日、浅野内匠頭の家老、大石内蔵助《くらのすけ》良雄以下四十七人の赤穂浪士が吉良邸を襲い、上野介を見事打ち取って、その首を泉岳寺の主君の墓に供えた。これは「主君の仇討ち」という説と、「徒党を組んだ暴挙」とする見方があり、結局四十六人（なぜか一人足りない）が切腹を申し付けられました。

このことが谷中と何の関係があるのか、と言われそうですが、あるんです。一つには谷中の観音寺という土塀のある寺の当時の住職の兄と弟が「赤穂浪士」だったらしく、この寺で討ち入りの謀議を練ったといわれている。境内には供養塔があります。さらに、上野寛永寺輪王寺宮が浪士の処分で悩んだ将軍綱吉から意見を請われています。「彼らの所業は立派だが、本望を果たしたことでもあり、あとは公の判断に身を任せると言っている。武士としての体面を重んじ死を賜った方がよい」というのが輪王寺宮の意見です。これは『徳川実紀』に載っている話ですが、事件から百年以上経ってからの編纂でもあり、あくまで伝聞です。それにしても法親王は将軍のアドバイザーまでやっていたのでしょうか。

この輪王寺宮は、所領である深大寺の土壌が良くないので、蕎麦を植えさせ、それが現在の深大寺蕎麦の由来だというのですが、そんな遠くにも所領を持っていたのですね。他にも鶯谷の豆腐料理店「笹乃雪」などにも、「笹の上に積もりし雪の如き美しさよ」と賞味し、それが「笹乃雪」の屋号のいわれとなったという逸話を残しています。

さらに赤穂浪士が切腹してから、様々な議論が起こりました。当時の儒教の最高権威たる林大学頭鳳岡《ほうこう》は『復讐論』を書いて、彼らの行動を「君に忠」という儒教の立場から賛美しました。綱吉のブレインである朱子学者の室鳩巣《むろきゅうそう》は『赤穂義人録』で義士の行動は賛美しながら、幕府の処分も擁護し、主君の行為を止められなかった家老の大石内蔵助にも問題があるとしました。室鳩巣は新井白石によって引き立てられた人ですが、生まれたのは谷中だという。さらに谷中天眼寺に墓のある太宰春台は『赤穂四十六士論』で、「額を傷つけただけの浅野内匠頭を切腹処分にした幕府がおかしい、赤穂浪士は幕府と戦って討ち死にすべきであった」と過激な論を展開しました。この事件はのちに「仮名手本忠臣蔵」という、今も演じられる歌舞伎の名作になっています。

富くじといろは茶屋

話を戻して、天台宗になった感応寺、その再建のために、幕府は富興行を許しました。いわゆる「富くじ」は宝くじのルーツですが、今でも一攫千金を夢見る庶民のことは「富久」「宿屋の富」などの落語で語られています。感応寺の富くじは江戸の三富の一つでした。この富興行に関わる、幕府との交渉、富くじの実態などが天王寺にあった文書によって明らかになりました。これまた「上野・谷根千研究会」における寛永寺の浦井正明先生の研究がきっかけで、「旧感応寺（天王寺）富興行関係資料」として台東区が資料を作っています。この寺が護国山天王寺という名前に変わるのはずっと後のことです（一八三三）。

町会の名前に残っている谷中墓地の入り口の茶屋町のあたりに、いろは茶屋というのがありました。私娼窟で違法営業なんですが、必要悪として幕府も大目に見ていた。そしてときどき一斉取り締まりをやる。

これについて少し補足しますと、江戸幕府は公許の遊郭としては吉原しか認めていない。これは最初、日本橋の葭町《よしちょう》（現人形町）あたりにできたのですが、悪所があまりに都市の中心すぎるというので、街はずれの浅草田圃に引っ越させた。ここに行くには隅田川を猪牙《ちょき》舟でのぼり下り、吉原土手を八丁カゴで飛ばしたりして、これも遊び人たちのワクワク感を高めたでしょう。しかし吉原は格式があって費用もかかる。それでより安価な私娼窟ができていくのです。

江戸は男だらけの都市

武士の世界だけを見ても参勤交代、江戸詰などで、江戸は男だらけ。また人口抑制政策もあって、武家の次男、三男は原則、妻帯できません。だから長男に跡継ぎもいない場合が多く、養子がはやるのです。しかし武芸学芸を磨いて様子もよくないと、なかなか婿にも入れない。

一方、江戸でビジネスをしようと、近江商人、伊勢商人なども出てきますが、これもほとんど単身赴任、農閑期にはいわゆる出稼ぎ者も出てくる。本当は農民が領地を離れるのはいけないのですが、農村だけでは食べていけないので、彼らは冬になると都市に出て土木工事で働く。こうした人たちも「椋鳥」と呼ばれる季節労働者でした。その結果、享保の頃の記録では男が百に対し、女性は五十七〜五十九しかいなかったらしいのです。

そうなると欲求不満になって、放置すると別の形で暴発しかねない。それで幕府は、吉原以外にも岡場所、これは他場所とも言いますが、寺社の門前などに私娼窟ができたのを見て見ぬ振りします。昔から巫女は売春をしたといいますし、「お参りに行ってくらあ」といえば、目当てが実は門前の女だってかまやしない。ということで江戸市中に三十五くらい私娼窟があったと言われておりますが、ほとんど寺社門前。特に感応寺は富くじでも相当人が来ますから、かなり栄えたのだそうです。このあたりは池波正太郎の『鬼平犯科帳』にも出てきます。

一方、寺請の人別帳から調べると、江戸時代の吉原の遊女の平均寿命は二十三歳くらいという悲惨な資料もあります。吉原では十八〜二十七までしか春をひさぐことを許されていなかった。二十七で年季明けなのです。

しかし遊女の多くは体を酷使され、ろくに栄養も摂れず、肺結核の恐怖に怯え、性病にもおかされた。死ねばむしろに包まれ、三ノ輪の浄閑寺などに投げ込まれたという悲しい歴史を忘れたくありません。人権もなく、命の安い時代でもありました。

大江戸八百八町

江戸も初期の頃はまだ上方のほうが文化も物資も豊かで、江戸人はコンプレックスを持っていました。灘の生一本などの酒も上方から入ってきました。「くだらない」という言葉の元は、関西からの「下りもの」ではなく、「江戸で作られたもの」だという説もあります。レベルが低いと思われていた。寛永寺の宮様が京都の鶯の声を良しとし、江戸のはひなびて下品だと言ったのもこの一環です。

上方からの木材やミカンなどの物資輸送をしてもうけたのが紀伊国屋文左衛門です。しかし江戸も一国の首都として栄え出し、江戸で作られる品物の品質も相当向上していく。元禄文化を経て、十八世紀後半に入ると江戸の町人文化が花咲きました。文化の世界でも、山東京伝、恋川春町、大田南畝《なんぽ》、柄井川柳、鈴木春信、喜多川歌麿などを輩出したのがその時代です。

さて、元禄まで来たので、ようやく根津に触れないわけにはいきません。

根津の名前の起こり

「根津」という名前のついた本は、拙著『不思議の町 根津』があるくらいで、あまり描かれていません。他に藤澤清造が大正期に『根津権現裏』という実に暗い小説を書いています。

根津という地名はそう古いものではありません。『御府内備考』という江戸の本にも「根津は根津権現ができてからの名前だろう」と書いてあるくらいです。このあたりは、根津神社ができる前は、家光の次男、甲府宰相松平綱重の屋敷で、「谷中元屋敷」と言いました。だから先の『御府内備考』にも、「根津は谷中のうちという認識があるが、実は駒込千駄木のうちである」というふうに書いてあります。広大な元屋敷は今の根津全部を含み、藍染川に面したところには不明（開かず）という門があったそうです。

そこにいた綱重という殿様は、三代将軍家光の息ですが、自分が将軍になれない身だと酒色に溺れ、これを諫める根津右衛門という忠臣を手打ちにしたという逸話が残っています。この人物が根津の地名の由来だと書いてある資料もありますが、俗説です。実際の綱重は学問好きで、和算の大家、関孝和を招き、聡明で英知あふれる人だったと評価されていますが、残念ながら三十代の若さで亡くなってしまいました。

綱豊が将軍の後継に

綱重の子、綱豊はこの谷中元屋敷で生まれ、その胞衣塚《えな》が今も根津神社境内に残っています。胞衣というのは胎児を包む膜や胎内の赤ちゃんに栄養を補給する胎盤のことで、お産の最後にこれが出てくると庶民では北の入り口の土に埋めたとありますが、大名の赤ちゃんの場合はこれほどの大きな塚を築いたらしい。

綱重は将軍になれずに死にましたが、四代将軍家綱に子がなかったので、弟の綱吉が五代将軍になった。この人にも、大奥にたくさん女性たちがいるのに、子供ができません。こうなると将軍もかわいそうに、家の存続のための種馬みたいなもので、たくさん女性をあてがわれるけど、いいご身分とも思えない。

綱吉はそれまでの武断政治を改め、平和時代の文治政治を施工しました。最初の頃は学問好きで、湯島の聖堂を作るなど、なかなか善政を敷いていた。しかし跡継ぎが生まれないので、善行を積もうと思ったのか、貞享《じょうきょう》四年（一六八七）「生類憐れみの令」を出し、犬を殺したものは死罪というような極端な命令を下したりして、「犬公方」と嫌われます。犬だけでなく、燕を撃った親子が極刑、病気の馬を遺棄したとして遠島、鳥の巣のある枝を切ったものが処罰、うなぎやどじょうの売買禁止など、いろいろあるのです。これについては儒教の教えに従い、赤ん坊や障害者や犬猫などの動物を愛護しようという趣旨だったのだと最近では再評価もされています。結局、兄綱重の子、綱豊を後継に迎え、この人が六代将軍家宣になります。名前にみんな綱がついたり、名前が変わったりするのでややこしいですね。

天下祭り

綱吉は存命中に、後継の家宣の産土《うぶすな》神を立派にしようと、天下普請で団子坂の上にあった小さな元根津宮を、空いた谷中元屋敷に遷座します。

この社はヤマトタケルが東征中にここに祀ったとされ、太田道灌が社殿を作ったと言われています。これを造営し直すときに、各大名もお金と尽力を供出させられ、久世大和守を作事奉行にして、ここに巨大な根津権現ができます。宝永三年（一七〇六）の完成で本殿、拝殿、唐門、透塀などは国の重要文化財に指定されています。土地の人は今も「権現様」と呼んでいます。

根津権現は社領五百石を与えられました。ご祭神は素戔嗚尊《スサノオノミコト》、大国主命《オオクニヌシノミコト》、菅原道真です。ヤマト王権に歯向かって潰された出雲王権の神様。そして太宰府に流されて恨み死にした菅公がご祭神というのは徳川幕府が朝廷と張り合ったのか、あるいは魂鎮めのような感じがします。

いま天下祭りというと、日枝神社、神田明神、浅草神社あるいは深川八幡だと思われていますが、本当は天下祭りの三つめは根津神社なのです。しかしそれは史上一回しか行われませんでした。

家宣は正徳元年（一七一一）に即位して早速「生類憐れみの令」を廃止、新井白石や室鳩巣などを起用し、「正徳の治」と言われる善政を敷き、綱吉と比較されてかなり人望がありました。

さらに人心の掌握を兼ね、根津の天下祭りを行うことにしたのですが、綱吉の母の桂昌院が亡くなって延期。さらに即位足かけ五年で家宣本人が亡くなる。即位した時には四十八歳で、五十一歳で亡くなってしまうのです。それでまた延期。ついに正徳四年八月に至って、一回だけ行われた。それを都の人々は「宝永祭りは見事なことよ。誰も見に行け、行けばいざ、老後の思い出もこれなむめり……」と歌いました。これは宝永年間に行われるべきだったので、そう歌うのです。

根津の岡場所

根津神社造営の際に、たくさんの大工や左官、人夫が町に入りました。それで門前に彼らの寝泊まりするところもできたでしょうし、食べ物を食べさせるところもできました。そうした煮売り屋がそのうち女を置くようになる。

谷中のいろは茶屋のところでも述べましたが、幕府は公許では吉原しか認めません。そういう認められていないところを岡場所と呼びました。これは吉原を苦海と呼んだので、それに対応して岡と呼んだとか、吉原の他場所という意味だとかいろいろな説がありますが、江戸中の神社の門前にたくさんの私娼窟ができた。もしかすると寺や神社がその上がりの一部を吸い上げていたのかもしれません。いわゆる寺銭というやつです。幕府はときどき綱紀粛正を図り、根津の売春宿も何度か取り締まり、遊女や経営者にも罰を下しました。しかし、雨後の筍のようにできてしまうといういたちごっこを続けていたようです。

新井白石

家宣の死後、その子、たった四歳の家継が七代目の将軍になり、満年齢では七歳に満たずに亡くなりました。紀州から徳川吉宗が入って八代将軍となり、享保と改元され（一七一六）ます。そして新井白石や間部詮房《まなべあきふさ》などの側用人は退けられました。

新井白石について言えば、二〇一四年、文京区小日向一丁目の切支丹屋敷（都指定旧跡）の発掘でイタリア人の宣教師ジョヴァンニ・シドッティのものとされる骨が見つかり、新聞記事になりました。DNA鑑定でどこの出身かまでわかるそうですが、この人こそ、新井白石がここに通って『西洋紀聞』を書いた聞き書きの相手です。

二〇一八年、長崎、平戸、天草などに残る潜伏キリシタンの遺跡が世界遺産になりましたが、小石川にもキリシタン関係の遺跡があったのです。ただ何も残っておらず、碑が一本立っているだけです。私は茗荷谷の近くの中学に通っている時から町歩きが好きで、ある時、この碑を見つけました。同じ頃、遠藤周作の『沈黙』を読み、最初の映画化も見ただけに、強い印象が残りました。

シドッティだけではなく、『沈黙』の主人公のモデルにもなった宣教師クリストヴァン・フェレイラもここにいたのです。フェレイラはポルトガルのイエズス会士でしたが、穴吊しの拷問にあって棄教、のち沢野忠庵と名乗り、日本に南蛮流医学・天文学を伝えました。その娘が門下の杉本忠恵の妻となり、フェレイラは谷中瑞輪寺の杉本家の墓所に埋葬されています。

町火消し

吉宗はテレビドラマでも「暴れん坊将軍」のモデルで、徳川幕府中興の祖というべき立派な将軍というイメージが浸透しています。二十二歳で紀州藩の藩主となり、将軍になるまでにすでに十年ほどの政治経歴がありました。彼は側用人政治をやめ、新田開発、司法制度改革、大奥の縮小、洋書の輸入一部解禁、倹約令、目安箱の設置など、「享保の改革」を断行していきます。これもかなり私たちの町と関係があります。

「将軍様のお膝元で生まれ、水道の水でうぶ湯を使い……」という江戸っ子自慢の有名な言い回しがあります。この最後は「今じゃ火消の纏《まとい》持ち」と続くのですが、この町火消し制度が整ったのも吉宗の時代です。「火事と喧嘩は江戸の華」と言われたくらい火事が多かった江戸で、町火消しはヒーローでした。周りの家を遠慮なくバリバリと取り壊し、延焼を防ぐ、纏を持って屋根の上に上がる。火事は一種のショーでもありました。喧嘩の方では「め組の喧嘩」という有名な歌舞伎がありますが、これはもう少しあと、文化年間に起こった、町火消しと相撲の力士の乱闘を描いたものです。

吉宗は享保の改革で、いろは四十八組の町火消しを整備した。谷中は「れ組」です。加賀鳶に見られるように独自の消防人足を雇っていた大名火消し、旗本などの常火消しとは別になります。本郷の加賀鳶は派手な格好と威勢の良さで評判でした。

町には出火元を見るための火の見櫓もありました。そして町ごとに自身番というガードマンを雇って自治的な防災、治安維持をしていたのです。

享保七年（一七二二）には小石川養生所を設置、お金のない貧しい人たちが無料で医療を受けられるようにしました。これを目安箱に提言したのは小川笙船《しょうせん》という町医者ですが、彼をモデルに山本周五郎の『赤ひげ診療譚』が描かれ、黒澤明監督、三船敏郎主演で『赤ひげ』と題して映画化もされたことからよく知られるようになり、金儲けでなく、「医は仁術」として、お金のない人でも診療する医者のことを「赤ひげ」と称するようになりました。

もともとここは館林藩下屋敷で、藩主松平徳松（家光の子）が、五代将軍綱吉となったため、白山御殿といわれたこの地に、麻布にあった幕府の御菜園を移したものです。現在は東京大学が管理する「小石川植物園」になって、国の史跡と名勝にも指定されています。家から近いので私はおにぎりと本を持ってたまに行きますが、大変樹勢の良い大木が多くて癒されます。

享保二年には大岡越前守を町奉行にしました。大岡は町奉行を二十年間、その後、寺社奉行を死ぬまで十五年勤め、一度も失脚しなかった。実はいろは四十七組も小石川養生所も大岡越前守の政策です。彼のお墓は谷中瑞輪寺にありますが、知る人は少ないようです。

享保八年には、正徳末年にできた根津神社門前の遊女屋街を取り払っています。

享保十八年には、谷中感応寺の富くじの興行を年六回許可します。

吉宗は将軍在位ほぼ三十年、六十代終わりまで当時としては長生きし、延享二年（一七四五）

に長男の家重に将軍位を譲ってからも大御所として君臨しました。ところが家重は虚弱で言語障害もあり、酒色にふけり、暗愚な将軍だったというのが定説です。家重が将軍だったのは延享、寛延、宝暦時代です。

弟の宗武は聡明だったそうで、のちに田安家を創立しました。もう一人の弟の徳川宗尹《むねただ》は鷹狩りが好きで、陶芸やお菓子作りもする趣味人だったようですが、のちに一橋家を起こしました。さらに家重の次男重好が清水家を起こし、これがいわゆる御三卿です。将軍に男子がなく、さらに御三家にも跡継ぎとなれる男子がいない場合、御三卿から将軍を出すようにという備えでした。

そして宝暦十年(一七六〇)、家重の後を継いだのが、吉宗に寵愛を受けた孫の十代将軍家治です。家治の治世は宝暦、明和、安永、天明ということになります。

笠森お仙

明和の頃の谷中で忘れてはならないのが、笠森お仙の伝説でしょう。一九八四年の地域雑誌『谷根千』創刊の舞台、谷中大圓寺での菊まつりでは、「笠森お仙の手毬唄復活」というのが目玉でした。

お仙は感応寺の西門前にあった鍵屋という茶店に突如現れた美女です。といってもまだ若い娘さん。鈴木春信が絵に描いたことから評判になり、この人がきれいだというので、江戸中から見にいく人が多い。今でいうところのアイドルでしょうか。お仙は芝居になり、手ぬぐいに染まり、大田南畝が小説にするというように大騒ぎになりました。しかし彼女は旗本の倉地甚左衛門と結婚して引退、九人もの子供を授かって、幸せに七十七まで生きたということです。「明和の三美人」として知られています。実際にいたのは浄土宗の功徳林寺のあたりですが、永井荷風撰文による笠森お仙の碑は三崎坂大円寺にあります。

中野の正見寺にお仙のお墓があるというので行ったところ、「遺族のご意向で」とお参りはできませんでした。この明和という年代の最後に、目黒行人坂が火元の大火事があって、行方不明も含めると二万人近くの犠牲者が出た。これを明和九年の火事（迷惑）といい、この時に谷中の初音の森も燃えたと言われています。今の谷中防災コミュニティセンターあたりのことです。

寺があんこで、町家が薄皮

江戸の人口は享保の頃で百万人ですから、単純に比較すると今の十分の一の密度です。それでも当時の江戸は世界最大の都市であったと言われます。

また、武士だけではなく、谷中のお寺の前にも門前町という形で町家が増えていきます。

それを私はよく「谷中はあんこが寺でその周りの薄皮が町家の薄皮饅頭」だとたとえています。土地は寺が持っていて、地所だけを貸している例は今でも多いです。

また、農民は作った米の半分近くを領主に年貢としておさめていましたが、町人は無税だったということです。そして地主は土地に対して全ての責任を負っていたので、所有する土地の中にある道の改修や橋桁の直しを行っていました。本所で商家の丁稚から身を起こし、捨てられたわらじや炭の屑を集めて再生し、金持ちになった塩原多助の伝説にも、道や土手を改修したとか、街道をゆく馬の水飲み場を作ったとかよく出てきますが、このように地主は、ある意味で公共工事も引き受けていたのです。

寺は世襲ではなかった

江戸時代、僧侶は菜食でしたし、妻帯禁止でした。お寺には男だけで住んで、子供の頃から小僧さんという形で掃除をしたり、住職の世話をしたり、炊事もしていた。今この形態が残っているのは、落語家の内弟子くらいでしょうか（落語家には女房がいますが）。ですから世襲ではなく、法弟子という形で、弟子が後を取る。今も身延山久遠寺など大きな寺はそうして継いでいます。

ある谷中のお寺の住職に聞いた話ですが、明治時代でも寺の道場破りみたいなものがあって、旅の僧が訪ねてきて、問答を仕掛けるのだそうです。それに答えられないと、住職はすぐに荷物をまとめて出ていく。旅の僧が入れ替わりにその寺の住職になるというようなことがあったそうです。

明治になっても僧侶は妻帯も禁止され、参政権もありませんでした。今はほとんどのお寺が血統で継いでいますが、少子化の今日、お寺によってはお嬢さん一人というところもあって、養子を取ることが多くなっています。そうすると谷中で育っていない人が僧侶になることもあります。出来るだけ、先代の歴史の知識や記憶を受け継いでくれるといいのですが。

江戸からいる人たち

地主である寺は門前にビルができるのを好みませんから、寺の周りには今でも古い家が残っているところが多く見られます。さらに、昔、寺は町人に安い地代で貸して、家を建てることを許す代わりに、寺で何かある時には、店子である町人は大家である寺の法事や葬式を手伝うなどしていたと、これもある住職に聞きました。お互いさまというのか、共存共生というのか……。

その頃から谷中に残る家としては、例えば文化元年（一八〇四）創業の柏湯という銭湯がありました。ご主人の松田さんは七代目でしょうか。ここは現在、スカイザバスハウスという現代アートのギャラリーになっています。また三崎坂上の伊勢五酒店とか、吉田屋酒店も、建物自体は明治以降ですが、お寺の過去帳によれば十代ぐらいは続いているといいます。現在、過去帳はその家の人以外には見せないことになっていますので、実際に見たわけではありません。四民平等と言いながら、明治になっても華族とか士族とか平民といった身分が過去帳に記されているときもあり、また過去帳には死亡原因が書いてあるためです。

上野桜木にある畳のクマイ商店も九代目というので、明治以前から寛永寺の出入りの職方をしていたのでしょう。つまり谷中は寺町ですので、畳屋、建具屋、大工、左官、屋根屋、金工細工などの職人が必要です。また法事などがあれば仕出し屋や酒屋も必要。お寺でもっている町なんです。雑誌『谷根千』を始めた頃、寛永寺を「お山」と言い、住職を「お寺様」「御前さん」などと呼ぶ人が多いので驚きました。「御前さん」というのは、

江戸時代から続く吉田屋酒店。建物は明治四十年ころで近くに移設された

仏様の前にいるので、そう呼んでいるのです。

坂の名前

谷中は坂ばかりの町です。いつの頃、名前がついたのかは知りませんが、東の方に下りる坂としては西日暮里駅の近くの魔の坂（間之坂）、諏方神社から下りる地蔵坂、日暮里駅に下りる御殿坂、元の名は乞食坂。紅葉坂、芋坂、御隠殿坂、寛永寺坂、屏風坂などがあります。

反対に西向き、根津・千駄木方向に下りる坂としては、富士見坂、夕やけだんだん、七面坂、三年坂、三崎坂、赤字坂、三浦坂、善光寺坂、三段坂、清水坂などがあります。

また千駄木や根津など文京区側にもたくさんの坂があります。動坂、むじな坂、狸坂、大給《おぎゅう》坂、団子坂、蛇坂、根津裏門坂、S字坂、幽霊坂、異人坂、弥生坂、暗闇坂……。

明治以降にできた坂もありますが、これらの名前がいつついたのか、なぜそういう名称になったのか、調べてみると面白いです。上野の清水坂を暗闇坂とも言いますし、谷中の三崎坂は首振坂とも言います。一つの坂が二つも三つも名前を持っていることがあるのです。

千駄木の狸坂はそのあたりで狸囃子が聞こえたからだというのですが、これは遠く吉原の音曲がハウリングして聞こえたのではないかと土地の故老に聞いています。あるいは日暮里村の里神楽かもしれません。私の住んでいた動坂町でも、枕に耳をつけると、田端あたりを通過する汽車のゴトンゴトンという轍《わだち》の音が聞こえました。

またむじな坂というのはこのあたりによくムジナが出たからで、昭和初期に高村光太郎の家ではイタチが出たようです。ハクビシンや青大将は今もいるようで、赤字坂の石垣のところでも大きな蛇を見たことがあります。

谷根千の動物

『武江産物誌』という江戸時代の本には、谷中にホトトギスがいたと書いてあります。今の谷中防災コミュニティセンターあたりを蛍沢とも、鶯谷とも言いますが、もう一つ「杜鵑《とけん》の森」とも呼ばれたといいますから、きっとホトトギスもいたのでしょう。

また上野にはシジュウカラが、白山にはメジロが、不忍池にはシギが、道灌山にはカワセミがいたとも書いてあります。

戦後の団子坂。大竹新助氏蔵、「谷根千同窓会」より

昭和三十年代、私の子供のころ。鈴虫の声は家の風呂場でも聞こえました。『谷根千』を始めた昭和六十年頃、谷中墓地には台湾リスがいました。誰かが放したものでしょう。また獣医の野澤延行先生に教わって、谷中墓地でカンタンの声を聞きました。

江戸の花見

江戸時代の人々は歩くことが好きでした。一番安上がりな娯楽は歩くことだったからです。特に四季折々の行楽として、花見、月見、雪見などがありました。花見の名所として知られたのは上野寛永寺で、これは天海僧正が「徳川家の祈禱寺であり菩提寺であるとともに、庶民に開かれた寺にしたい」と考え、上野広小路から根本中堂に向かって上がっていく参道に桜を植えたためでした。初期の頃は小袖を枝に幕のようにかけ、そして酒盛りや、時には風呂を立てたという記録さえあります。

しかしさすがに将軍様の菩提寺でもある寛永寺ではどんちゃん騒ぎはできなくなり、暮れ六つで山同心というガードマンが門を閉めてしまうので、飽き足らない人々は、そのまま谷中・日暮里を通って王子・飛鳥山まで、歌ったり踊ったりしながら歩きます。途中の谷中天王寺、日暮里養福寺、田端与楽寺なども花の名所です。幕府は江戸の民衆が不満を抱いて蜂起したりしないように、ガス抜きの仕掛けを作っておきました。

王子・飛鳥山は八代将軍吉宗が江戸庶民のために開いた場所で、ここではみんな心ゆくまでお酒を飲んで騒げました。谷中墓地も駐在所に櫻武秋さんという気さくなお巡りさんがいたころは、お酒を持ち込んで花見を楽しんでもお構いなしだったのですが、最近はすっかり管理され、禁止になってしまいました。櫻さんは現在行政書士になられたようです。

富士見坂

西日暮里駅と日暮里駅の間にある小高い丘は、東に筑波山、西に富士山が尾根道から見える絶景の地でした。東側は月見に、雪見にも結構でした。道灌山は虫聞きでも知られています。

江戸っ子にとって、富士山が見えるということは大事な価値でした。江戸で一等地といえば日本橋の駿河町、正面に富士山が見えるところです。広重や北斎の版画には、どこかに富士山が描いてあります。

三十年前までは日暮里諏方神社前の富士見坂からは、冬の晴れた日などきれいに富士山が見え、町の人々はそれを地べたから眺めることを楽しみにしていました。それがバブル期にまず本郷通りに立ったペンシルビルのために東側の稜線が隠れ、その後、新宿に建った巨大ビルで、富士山は見えなくなりました。

谷根千周辺では「日暮里富士見坂を守る会」を結成し、開発業者に働きかけましたが、あまりに場所が離れているため、聞いてはもらえませんでした。「遠くの山並み」を見る権利も景観権として大事だと思います。今では富士山は超高層マンションに住む人か、銭湯の背景画でしか見られなくなりました。その銭湯もどんどん減って寂しいことです。

七福神や六阿弥陀

江戸の頃、谷根千あたりは行楽地であったと言いましたが、それに連れて、いくつかの行楽地を線でつないで回って歩くという楽しみ方が登場しました。

例えば、お正月の七福神めぐり。不忍池辯天堂辯財天―上野護国院大黒天―谷中天王寺毘沙門天―谷中長安寺寿老人―日暮里修性院布袋―日暮里青雲寺恵比寿―田端東覚寺福禄寿と回って歩きます。これは享和年間（一八〇一～〇四）に始まったと言われ、江戸で一番古い七福神です。

そのほか、春と秋の彼岸の際に回って歩く六阿弥陀詣もあります。下谷広小路常楽院―田端与楽寺―西ヶ原無量寺―上豊島西福寺―下沼田延命院（明治二年からは江北恵明寺）―亀戸常光寺（あるいはこの逆）と回って歩きます。私もこれを回りましたが、行程が長すぎて大変でした。回るのはお年寄りが多かったので〈六阿弥陀嫁の小言のいいじまい〉〈名月や春の残りの三阿弥陀〉などという句があります。六阿弥陀を回るとそろそろこの世におさらば、また二回に分けて歩いたということですね（現在、下谷常楽院は調布市に移転）。

江戸六地蔵には巣鴨の眞性寺が含まれています。さらには東都六地蔵がありましたが、駒込瑞泰寺のものはすでに失われ、千駄木専念寺、日暮里浄光寺は今も残っています。

他に江戸の五色不動も知られています。目白には目の白い、目黒には目の黒い不動があり、それぞれ地名の由来になっています。三ノ輪に目黄、三軒茶屋に目青、そして駒込動坂に目赤不動があります。不動坂の不が取れて動坂という地名ができたそうですが、現在は坂上になく、本駒込の南谷寺に移されています。西国三十三ヶ所、御府内八十八ヶ所などもあり、いかにお参りにかこつけて人々が娯楽を楽しんだかがわかります。

大山詣

谷根千の中で職人さんなどは、神奈川の大山詣をする講が今もあります。

大山阿夫利《あふり》神社門前には参詣の先導をする御師《おし》の集落があり、大山寺には不動明王が安置されています。谷中多宝院の不動明王はこれと同木同作と言われ、目を病む人には大変信仰されています。また地域では富士講も多く行われてきて、講中のものがみんなからお金を集めて富士山に登り、浅間大社に代参したものでした。

「煕代勝覧」

江戸時代の庶民の暮らしは落語などで伝わっていますが、なかなかビジュアルな形で見ることができません。一九九九年に、ベルリンで「煕代勝覧《きだいしょうらん》」という絵巻物の半分が発見され、話題を呼びました（現在、ベルリン国立アジア美術館蔵）。これは文化二年（一八〇五）、神田の今川橋から日本橋あたりまで大通りの東側から見た風景を描いたものです。

道に面して大きな表店が並び、往来では見世物や露店が出て、人通りも多く、江戸人がストリートライフを楽しんでいたことがよくわかります。面白いのは子供の手を引いて、寺子屋に連れていくお父さんが片手に小さな文机を持っていることです。これで寺子屋に行くときは机まで持参だったことがわかります。

天明の大飢饉から文化文政時代

十代将軍家治の治世中、側用人を務める田沼意次《おきつぐ》が権勢を振るいます。この人は本郷弓町で生まれた旗本です。彼は幕府の財政が悪いので、印旛沼の開拓、蝦夷《えぞ》地《ち》の開発、鉱山開発、貿易振興など公共事業と商業を重んじた政策を採用し、賄賂も横行しました。農民は困り、都市に流れ込みました。農民が農作物を生産できず年貢を払えない場合、逃散といって土地を捨てたり、越訴《おっそ》といって、隣接する他の領主のところに訴えたりしました。年貢は領主によっても違い、四公六民（領主が四割、農民が六割）とか五公五民（領主と農民が半分ずつ）のところもありました。

コメの取れ高がよくわからず、領主は時に抜き打ち検査をすることもありましたが、多くは農民の抵抗にあって断念しています。また同じ田んぼでも豊作の年、凶作の年があったでしょう。

天明年間は飢饉、浅間山の噴火、疫病などの災いに多く見舞われました。天明六年（一七八六）に家治が死去すると、一橋家から家治の養子に入っていた家斉《いえなり》が翌年に十一代将軍に就任し、田沼意次は失脚。続いて老中首座に就いた質素倹約派の白河藩主松平定信が「寛政の改革」を実行します。しかし緊縮財政になると、かつていい目を見た人たちからは田沼時代を懐かしむ声もあがります。〈白河の清きに魚も住みかねて元の濁りの田沼恋しき〉なんて狂歌もあるくらい。

第十一代将軍家斉は十五歳で将軍になり、五十年も在位しました。後半を文化文政時代、化政期とも言います。十六人の側室に男の子二十六人、女の子二十七人が生まれ、その半数ほどが成人しました。

江戸城築城以来、江戸の町はどんどん拡張を続け、江戸の範囲がよくわからなくなってきました。それで文政元年（一八一八）に江戸の市中とはここまで、と地図上に朱線で示されたのです。これを朱引《しゅびき》といいます。朱引内が御府内です。

鼠山感応寺

この中で、お美代の方という側室との間に生まれた溶姫は、加賀藩主前田斉泰に、末姫は広島藩主浅野斉粛《なりたか》に嫁ぎました。このとき加賀藩が将軍の娘を迎えるために造った御守殿門（一八二七）が東京大学の赤門（重要文化財）です。お美代の方（専行院）の実父は中山法華経寺の住職日啓、家斉が日蓮宗に帰依していたのをいいことに、谷中感応寺を日蓮宗にもどす運動をしますが、寛永寺輪王寺宮の反対にあい、果たせませんでした。その代わり、寺号山号が長耀山感応寺から護国山天王寺に改称しています。

家斉の死後、父親の日啓は女犯の罪で捕らえられ、牢死しています。一方、娘のお美代の方は江戸城大奥で生き延び、明治五年に亡くなっています。

天保の改革と遠山の金さん

家斉も生前の天保八年（一八三七）に次男の家慶に将軍位を譲りますが、大御所となって権力は手放しません。日本近海には異国の船が出没し、世の中が変わりつつあるのに、家斉は相変わらず、贅沢な暮らしをしています。

十二代家慶の治世で目立つのは、水野忠邦の天保の改革と、高野長英や渡辺崋山を弾圧した「蛮社の獄」（一八三九）です。水野忠邦が、唐津藩主から実高の少ない浜松藩主への国替えを願い出たのは、唐津が長崎警備をしなくてはならず、その費用が嫌だったこと、幕閣での出世の野心があるので、そんな遠いところにいられるかと思ったこともあります。浜松の方がずっと江戸に近いし徳川家の本拠地、三河に近いですからね。

天保十年に老中首座となり、天保十二年に家斉が死ぬと、早速、水野は家斉の側近たちをクビにして、遠山景元、鳥居耀蔵といった有能な人物を抜擢。逃散して江戸などに流れ込んでいる農民を農村に返す「人返し令」を発するほか、奢侈《しゃし》禁止令を発したり、物価を上げた株仲間を解散させるなど、さまざまな政策を実施。一方で、粗悪な貨幣もどんどん鋳造して幕府財政を補った。

「遠山の金さん」で知られる遠山景元は、五百石取りの旗本でしたが、有能なので、小普請奉行、作事奉行、勘定奉行と歴任して北町奉行になりました。建設大臣、大蔵大臣、都知事（兼警視庁、東京地裁のトップ）という感じでしょうか。

そのころ江戸の町奉行は北町と南町があり、月番といって一ヶ月交代でした。人々が奉行所に訴えるのは、人格識見があって、民の心に寄り添うことのできる奉行の時を選んでしたそうです。それだけに町奉行の評判は大きかったのでしょう。

遠山は町人に対する奢侈禁止を強めようという水野や鳥居と対立。寄席の廃止は寄席芸人の失職、さらには町人の娯楽がなくなるといい、芝居小屋の閉鎖という申し渡しにも、場所の移転だけで済ませたほどでした。これで浅草猿若三座の連中が感謝して、遠山の善政を芝居にしくみ、人気が出たということらしいのです。遠山はいったん、栄転ではあるものの閑職に追いやられますが、水野が失脚すると今度は南町奉行に返り咲き、株仲間の再興、露店の存続などを実践していきます。桜吹雪の彫り物があったかどうかは伝説の域です。

一方の鳥居耀蔵は二千五百石取りの旗本。こちらは蘭学者嫌いで、「蛮社の獄」では渡辺華山や高野長英を弾圧した人物として知られています。さらに南町奉行矢部定謙を讒言《ざんげん》で失脚させ、水野と組んで、遠山景元を北町奉行から追い落とします。水野が失脚すると反対派に寝返り、様々な策謀を凝らしてのちに罷免。明治維新後まで丸亀藩などにお預け、軟禁状態に置かれました。勝海舟は彼のことを「残忍酷薄甚だし」と評し、いまだに遠山の金さんの敵役で登場します。

遠山は明治維新の十三年前に亡くなりますが、鳥居耀蔵は明治七年まで生き、晩年まで

「開国したので幕府は滅亡した」と言い続けたとのことです。私は山田風太郎さんから「鳥居耀蔵ほど興味深い人物はいない」と伺ったことがありますが、詳しくは彼の『東京南町奉行』『天保忍法帖』などで読むことができます。作家の興味をそそるのか、多くの作家が「妖怪」と言われた鳥居を作品の題材にしています。

このように「水野忠邦、天保の改革、人返しの令、株仲間の禁止」と暗記するだけなら、日本史はまるで面白くないのですが、ここに遠山の金さんや怪物鳥居耀蔵が出てくると、俄然、歴史は人間臭く、面白くなります。

日米和親・修好通商条約

続く十三代将軍家定は、十二代家慶の四男です。家慶にも二十七人子供がいましたが、ほとんどが夭折しています。嘉永六年（一八五三）に二十九歳で将軍になります。病弱で、脳性麻痺ではなかったかと言われており、三十四歳で亡くなり、ほとんど印象がありません。

この年、マシュー・ペリーが東インド艦隊を率い、アメリカ大統領フィルモアの親書を持って浦賀に来航しました。これは私の生まれたちょうど百年前のことですね。そんなふうに自分との時間差を測るのも面白いです。

〈泰平の眠りをさます上喜撰《じょうきせん》たった四杯で夜も寝られず〉というのはこの時の狂歌です。

蒸気船が四隻現れただけで上を下への大騒ぎなんです。

同じ年にロシアのプチャーチンも来て、開国圧力が高まる。しかしまだ各藩とも開国への頭の切り替えはできていない。「夷狄を追い払え。攘夷攘夷」の一辺倒です。収拾に当たったのが老中の阿部正弘で、老中というから子供の私にはおじいさんのイメージでしたが、なんと二十五歳で老中になり、ペリー来航時でも三十五歳くらいなんです。備後福山藩の藩主で、水野忠邦の失脚後、二十六歳で老中首座になり、鳥居耀蔵らを罷免し、江川英龍《ひでたつ》、川路聖謨《としあきら》、岩瀬忠震《ただなり》、大久保忠寛、永井尚志《なおゆき》、高島秋帆《しゅうはん》、勝海舟、ジョン万次郎などを抜擢していることからも、人を見る目がある人ということがわかります。それにしてもすごいですね、このメンツ。

ただ、日米和親条約の締結などあまりの緊張感が続いたためか、阿部正弘は老中在職中、三十代で急死します。あまり自分の意見を言わないので優柔不断に見えたが、人の話を正座してよく聞く人で理解力はあったと言います。正弘の中屋敷は本郷西片町にあり、そこに私の子供の頃は阿部公園と阿部幼稚園がありました。また私が学んだ誠之《せいし》小学校は明治九年の創立ですが、阿部家の藩邸のなかにあった藩校誠之館を基としています。正弘のお墓は谷中墓地にあります。

彼が抜擢した人々のうち、江川英龍は韮山代官で領民に慕われ、反射炉を築いたエンジニアです。高島秋帆は長崎で砲術を学び、彼が大砲を打つ訓練をしたので板橋区に高島平の地名があります。お墓は向丘大円寺。川路聖謨はプチャーチンも魅了した人間で、池之端大正寺にお墓があります。「良識、機知、慧眼、練達」とゴンチャロフは評しています。

さて、将軍家定の正室が二人つづいて亡くなった後、島津の一門に生まれた篤姫が近衛家の姫という形で御台所となります。これが大河ドラマの主人公にもなった天璋院です。

安政の大獄から桜田門外の変

日米和親条約は安政元年三月三日に締結されますが、翌年の十月二日、江戸で大地震が起こった。これが安政の大地震です。このとき水戸藩の学者藤田東湖が母を助けるため自宅で圧死しています。家定が亡くなると血筋は途絶えて、将軍を誰にするか揉めたのですが、期待の高かった一橋慶喜を退けて、紀州から慶福《よしとみ》を迎え、この人が安政五年の暮れに十三歳で十四代将軍家茂になります。名前が変わるし、読みも難しいですよね。「いえもち」です。

このころがいわゆる井伊直弼《なおすけ》による「安政の大獄」の時代です。井伊直弼は将軍継嗣問題で一橋派についた人々を登城停止などとし、いわゆる尊攘派の志士たちを捕縛します。橋本左内、吉田松陰、頼三樹三郎らを斬罪とし、梅田雲浜は獄死、水戸藩家老の安島《あじま》帯刀らも切腹ということになりました。しかし井伊大老は水戸藩士によって桜田門外で暗殺され、これで安政の大獄が収束し、あとは越前城主松平慶永（春嶽）が政治総裁として登場します。

早速、公武合体のため、孝明天皇の妹、和宮を家茂の正室に迎えることに決定。和宮は有栖川宮熾仁《たるひと》親王と婚約中でしたが、文久二年（一八六二）に中山道を通って輿入れをし、家茂との夫婦関係は細やかだったと言います。この同じ年には下谷の種痘所で伊東玄朴が疱瘡の予防接種として種痘を行っています。この人の墓は谷中三崎坂の天龍院にあります。同じ頃、三遊亭圓朝が「真景累ヶ淵」「怪談牡丹灯籠」などを完成させています。

家茂は幕末動乱期の将軍として、朝廷に気を遣って二百二十六年ぶりに上洛したのですが、大阪で二十歳の若さで急死してしまいます。そしていよいよ、英明、秀才と下馬評の高かった水戸家の七男坊慶喜が慶応二年、満を持して第十五代将軍となるわけです。

江戸の切絵図を読む

江戸には尾張屋版や近江屋版などの美しい切絵図があります。私はそれらの切絵図を複製やコピーですが、たくさん集めました。今はインターネットで国立国会図書館や江戸東京博物館が持っている地図も見られるし、入手できるのですが、以前は、本物は手が出ませんので復刻版を買ったり、わざわざ図書館や大学に行って、端からコピーさせてもらったりしました。地図を眺めるのはとても楽しいし、思わぬ発見があります。

ただ地図は怖いもので、今でもウラジオストクなどのロシアの軍港に行くと、写真を撮ったりしちゃいけない。地図を集めたりするとスパイかなんかだと思われる。幕末にシーボルトが来た時にも、彼に地図を渡した日本人は死罪になっています。ですから地図を扱うには注意が必要です。

大江健三郎に『万延元年のフットボール』という小説がありますが、私はその幕末の万延元年の谷中から本郷の切絵図を持っていて、色も美しく見ていても楽しい。その頃は激動期ですが、それでも道や神社やお寺の位置は、今とまったく変わっていません。三崎坂、清水坂、団子坂、藍染川などが見て取れます。

また、江戸時代の私たちの街を知るうえで欠かせないのが、長谷川雪旦の描いた「江戸名所図会」です。これは神田雉子《きじ》町の名主だった斎藤家三代幸雄、幸孝、幸成（月岑《げっしん》）の努力によるものです。とりわけ幸成は他にも『武江年表』や『東都歳時記』も著しており、江戸の郷土史家の頂点といえる人です。神田には斎藤月岑研究会があり、日記の翻刻をしていますが、みんなで月岑の屋敷跡に近いあたりに記念碑も建てました。また神田御成道で古本屋を商いながら江戸に関する情報を収集した藤岡屋由蔵の『藤岡屋日記』もクロニクルとして貴重なものです。

江戸と今の違いは

不忍通りは明治三十六年に団子坂まで延びるのですが、江戸の頃にはまだできていません。善光寺坂も、その名の元となった善光寺が谷中にあったのですが、宝永二年（一七〇五）に青山に越し、名称だけが残りました。言問通りが繋がるのは大正年間になってからです。善光寺坂の下の斜めの道、前は丸山医院という下見張りの家がありましたが、切絵図を見ると、この道は江戸時代にもあったことがわかります。道の拡幅や、坂をなだらかにする工事、曲がった道をまっすぐに付け替える工事などが行われたこともわかります。善光寺坂の左側は拡幅でセットバックさせられました。一乗寺なども歴史のあるお寺ですが、門の位置と本堂の位置があまりに近くてバランスが悪い。これも道を拡幅したからなんです。「谷中道」というのは、清水坂を上がって谷中三崎坂の方に行く道で、以前はここに石井家という江戸期の民家がありましたが、今は改築されてしまいました。ただ切絵図にも間違いがありますから、あまり鵜呑みにすることもできません。

また谷中名物に「谷中生姜」があって、今でも居酒屋に行くと「谷中」なんて洒落た書体で紙に書いて貼ってありますが、これはもともと日暮里の低地、谷中本、のちの谷中本村で作っていたようです。それを谷中の寺院が夏のお中元に、ザルの上に束ねておきますと、葉っぱは緑、茎は赤、先の方は黄色で、まことに鮮やかで涼しげで喜ばれたものだそうです。大正の終わりくらいまでは作っていたと聞きました。また不忍通りのない頃は、池之端からお寺が三軒並んでいる七軒町の道、これを「根津道」と言いました。

谷中の隣は日暮里で、ここは江戸時代に当時の日暮里村がお寺の誘致運動をしまして十ヶ寺あります。諏方神社の別当寺が浄光寺（雪見寺）先ほどの太田道灌ゆかりの本行寺、ここは月見寺といいます。それと今はない妙隆寺、富士見坂に沿ってあったのですが、これが花見寺。まるで花札のように雪月花が揃っていました。

妙隆寺がなぜ今ないかというと、明治維新後、廃仏毀釈の時代にここの住職が生活に困り、なだらかな美しい庭園であったこの土を掘り崩して売ってしまった。それは不忍通りを作るのや、不忍池の周りを埋め立てて競馬場を作るのに使われました。これは横浜の根岸に続いて日本で二番目に古い競馬場で、明治十六年から明治二十六年くらいまで競馬が行われ、明治天皇は大好きで何度も見にきたそうです。

上野戦争と彰義隊

江戸の章の最後に幕末、この地域に大きな影響を及ぼした彰義隊の上野戦争の話をしなければなりません。これについては私は町に残る話を拾い集め『彰義隊遺聞』という本を書いていますので、詳しくはそちらを読んでいただければと思います。ここでは簡単に説明してみます。

二百六十年も続いた徳川幕府はかなり制度疲労を起こしていたのは確かです。官僚機構も硬直化していたし、身分塩漬けのために、能力のある人が要職につくということも少なかった。これくらいの石高の大名だとこんなお役目、みたいに当て職ですから能力もやる気もない。

それでも明治維新以降の歴史観は薩長の勝ち組が作ったものですから、それをそのまま信じるわけにはいきません。例えば「当時の幕閣には無能な腰抜けばかりだった」というのも間違いです。これについては松岡英夫氏という毎日新聞の記者が『岩瀬忠震』や『大久保一翁』といった幕臣名誉回復の伝記を書きまして、若いころ読んで目が醒める思いをしたものですが、ほかにも、永井尚志、川路聖謨、小栗上野介など、海外事情にも通じ、文武の教養も高く、実に有能なテクノクラートがいました。

江川太郎左衛門などもその典型です。書は市河米庵（日暮里本行寺に墓がある）、詩は大窪詩仏、絵は谷文晁《ぶんちょう》、学問は佐藤一斎（谷中墓地に墓がある）に学び、剣術は神道無念流免許皆伝、蘭学、砲術も学んでいました。学ぶだけでなく、自分でも工夫し、パンを焼いたり、杉を植えたり、軍隊を組織したりしたあげく、韮山に反射炉を作ってしまう。これは現存し、国の史跡であり、「明治日本の産業革命遺産」として世界遺産の構成資産にもなっています。この人は外交で友好関係を築くより、最後まで海防の必要性を訴えました。また各藩、そのころになると、よその国からでも能力のある人を抜擢して迎えたようです。

長州藩は関ヶ原以来、もともと徳川に恨みを持っており、吉田松蔭の「松下村塾」で学んだ藩士が尊王攘夷の活動をすすめました。そして下関戦争で英仏蘭米の列強に敗北、幕府は二度も長州征伐をやっている。しかし長州征伐に協力した薩摩は急に倒幕に舵を切るのです。これは坂本龍馬と中岡慎太郎が動いた薩長同盟が功を奏したとも言えます。その二人は慶応三年に暗殺されますが、土佐藩ときたら内紛だらけで、土佐藩の中で仲間割れして殺し合うという陰惨なことになっていきます。このあたり、激動期に入って毎日事件が起こります。

佐賀藩は藩主、鍋島閑叟《なおまさ》が西洋事情に明るく、アームストロング砲をはじめ、強力な兵器の開発と操縦を独占して、薩長土肥の一角に入りました。といっても明治維新以降を見ると、薩摩は西南戦争でダメージを被るし、結局は長州閥が一人いい目を見ているわけで、それが今日まで続いているように思えてなりません。

品川弥二郎のマヌーバー

いよいよ倒幕で朝廷も固まり、慶応三年の十月十三日に討幕の詔書が出て、翌日には徳川慶喜が大政を奉還、十二月九日王政復古の大号令が出されます。慶応四年の正月の鳥羽・伏見の戦い、これは幕府の方が装備も人員も圧倒したのですが、士気が足りない。品川弥二郎が山口で私製した錦の御旗を見て、徳川慶喜は青菜に塩の体たらくとなり、朝敵になるわけにはいかんと士気が衰えて大敗。大阪城まで退くも、自分の将兵を皆、置き去りにして、会津や桑名の殿様だけ引き連れて軍艦で江戸に帰ってきてしまうんです。

この品川弥二郎というのは長州藩士で吉田松陰の弟子ですが、錦の御旗だけではなく、「トコトンヤレ節」という新政府軍を鼓舞する軍歌を作った。「宮さん宮さんお馬の前にひらひらするのはなんじゃいな。トコトンヤレナ」と、自分が私製した錦の御旗のことを歌っています。「天皇がついてるからトコトンやっちまえ」というんです。情報戦に長けている。時には嘘もつく。明治になると偉くなり、明治二十五年の第二回総選挙では内務大臣として買収も含む大選挙干渉をし辞任しています。

この人の銅像は九段の坂に沿ってありますが、本山白雲原型、平塚駒次郎鋳造と刻まれています。鋳造は谷根千が初期にお世話になった郷土史家、平塚春造さんのお父さんです。

品川弥二郎は明治に入ると今の須藤公園のところ、旧大聖寺藩松平備後守の屋敷に一時住んでいたようです。

徳川慶喜について

慶喜はもともと水戸藩主、徳川斉昭の七男、水戸藩は初代から勤皇の志が高いところです。本人も幼い時から英明の誉れ高く、一橋家を継いだ後、慶応二年の暮れになって満を持して将軍になったわけです。父の徳川斉昭は漁色家で、慶喜は正室の吉子との間の子ですが、他にもたくさんの男子が生まれ、あちこち養子にやっています。長男の慶篤《よしあつ》が水戸徳川家をつぎ、岡山藩、鳥取藩、川越藩、土浦藩、浜田藩、喜連川藩の藩主が皆慶喜の兄弟です。頭はいい、しかしちやほや育てられて、自己中心で首尾一貫しない。男の価値は出処進退の潔さだと思いますが、それがない。ですからあまり人気はありませんでした。

それで鳥羽・伏見の戦いに敗れ、逃げ帰った慶喜は江戸城にも入れてもらえず、やむなく寛永寺の大慈院という塔頭に入ってひたすら恭順の意を示します。この時は「江戸の庶民が無事ならば自分はどうなっても構わない」なんてええかっこしいをいうのですが、一方でヨーロッパに滞在中の弟の昭武に「自分も生きているうちにヨーロッパを見てみたい」なんて手紙を送っていますので、どちらが本心かわかりません。

慶喜を守る

そんな主君でも「我が主君が朝敵の汚名を被っているのを見るに忍びない、なんとか雪冤《せつえん》を」と、一橋家の家臣の渋沢成一郎らが主君を護衛するという名目で上野の山に集まってくる。加えて幕府恩顧の旗本や御家人も加わる。これが彰義隊です。義を彰す、これが武士の本懐です。そして彰義隊は幕府から正式に市中の治安の取り締まりを仰せつけられ、幕府の正規軍として費用も出ていたようです。

その頃、薩摩藩士たちは江戸の町をかき回すためにわざと辻斬り、強盗、強姦などを働いていました。これも一種のマヌーバー、日本はその後も柳条湖事件、上海事変などでもこのマヌーバーはお家芸ですね。江戸の町人は市中見廻りの彰義隊を徳として、人気が上がる。「情人《いろ》にもつなら彰義隊」と言われたくらいです。

勝海舟と西郷隆盛の会談で、慶応四年四月十一日に江戸城は無血開城されましたが、気概のある徳川武士としてはこんなあっけない落城は納得できない。腑に落ちない。とにかく一戦まみえなければ幕府が滅んだことは承知できない。おめおめと首都を渡せない。なんといってもそのために二百六十年、禄を食《は》んで、剣術の稽古をしていたんですから。「いざ鎌倉」というでしょう。このあたり、今の平和主義の時代の感性では理解しにくいところです。

ところがまさにこの無血開城の日に、慶喜は集まってきた幕臣たちの忠義を見捨てて、高橋伊勢守（泥舟）など少数の供を連れて、生まれ故郷の水戸に逃げていってしまいます。彰義隊もがっかりしたでしょうねえ。それで、今度は彰義隊の大義は、「上野の輪王寺宮様を守護し、徳川家の霊廟と宝物をまもる」ということになる。もちろんそれには、覚王院義観をはじめ、寛永寺の側で手引きした人もいたんです。この時の宮様を公現法親王と言いまして、伏見宮の息子です。

無血開城派の勝海舟

さて、これに困ったのが勝海舟でした。勝は微禄の幕臣で、一回失脚するのですが、とにかく目の見える男で、幕府がほろびざるを得ないことは見抜いている。しかも江戸中のヤクザや色街や料亭の女将にまで顔がきいた。それで幕府に呼び出されて陸軍総裁、また幕府の最後の最高権力者になる。つまりできるだけ犠牲を少なく、江戸幕府の幕引きをするのが勝の役目でした。

実はこの人、家にいる女中には全部手をつけて、妻妾同居して、最後には妻に「同じお墓に入るのは嫌だ」と言われるくらいなので、女性の私から見るといけ好かないところもある男なんですが、ともかく彼が心を砕いたのは「江戸百万の無辜《むこ》の民を戦火で苦しめない」ということでした。西郷隆盛や大村益次郎による江戸総攻撃をどうにかやめさせたい。それで、三月九日に山岡鉄舟を駿府の西郷のところに使者として立て、下打合せをさせています。そして三月十三、十四日には高輪の薩摩屋敷で勝と西郷が会談し、七か条の要求を勝は飲むわけです。江戸城を明け渡すとか、幕臣を川向こうの向島に出すとか、武装解除するとか、軍艦を新政府に渡すとか、敗戦処理を見事にやった。

この前にも輪王寺宮や、天璋院、和宮なども嘆願を大総督府の西郷に出しているのですが、それは単に慶喜の助命だったり、徳川家の安泰を願うものだったり、視野が狭い。勝は「江戸の民衆百万を苦しめないでくれ」と言ったので、西郷は「たしかにそうだ」と思った。こうなると、勝や山岡にとって困るのは上野の山の彰義隊です。勝の日記によれば「四千人が集結して暴発しそうだ」とのことです。

上野の山に立てこもる

結成が二月で、この年は閏四月がありますが、決戦が旧暦五月十五日ですから、彰義隊はたった四ヶ月の命で、隊士名簿や組織についてもあまりよくわかりません。名簿はいくつか残されているのですが、それは箱館戦争の参加者なども交ざっている。中には、家の存続をかけて一人は保険で彰義隊に入れておく、あるいは町人に髷を結わせて彰義隊に仕立てる、一山当てたい連中もいた。賭けみたいなものです。人数が増えるとだんだん当初の目的が薄まってくる。

彰義隊はいまだに謎だらけです。スパイなども入っていたと言われます。山の中の様子がみんな向こうにわかっているし、どうもおかしい。そして陣地を作るような工兵隊もいません。新門辰五郎の子分どもが、やってきて土嚢《どのう》を積み上げたりしましたが、雨で藁が腐って崩れたりする。絵を見ると畳で玉を防いだりと、かなり低レベルな軍備です。どんな組織だったか、どんな軍備だったか、どんな訓練をしたかもわからない。おそらく自前の武器を持って駆けつけ、成り行きでそれぞれが戦ったのかもしれません。

大村益次郎は「最小経費、最大成果」のモダン男ですから、早く始末してしまえと言ったようですが、西郷隆盛は隠忍自重した。本当の無血開城を目指した。しかし谷中の大円寺の前で薩摩藩士が三人切られたりしたので、さすがに「国辱」だと言い出し、五月十五日に上野を攻めることにするのです。この時の西郷にとっては「国」とは薩摩のことなんです。この時にはすでに総司令官は大村益次郎に代わられている。彰義隊側もついに山岡や勝の説得を聞かず、五月十五日に戦端が開かれ、わずか半日で終わるわけです。

もちろん王手は上野広小路の黒門です。そこは薩摩兵が攻めて双方、相当な犠牲を出した。不忍池を泳いで渡って、穴稲荷門から侵入した新政府軍もある。

当日は雨が降っていた

五月十五日といっても旧暦ですから今の七月二日くらいで、梅雨の最中で雨が降っていた。根津神社でも戦争がありました。谷中三崎坂の方面は天王寺詰隊長の小川椙太《すぎた》ら彰義隊が善戦して新政府軍は苦戦しました。とにかく当時はトランシーバーもスマホもないですから、彰義隊も馬に乗った伝令役が山の中を走り回って、各地の戦況を伝える。援軍を繰り出す。それを取り巻く新政府軍の方はもっと距離があって情報伝達が大変です。本郷台の高台の越後高田藩榊原屋敷（今の旧岩崎邸庭園のところ）と加賀屋敷に佐賀藩が据え付けたアームストロング砲を撃って、これが勝敗を決したと言われています。でも焼夷弾でなく、ただの鉄の玉なので、どのくらいの威力があったかよくわかりません。

当時戦場にいた人が描かせた絵を見ると、彰義隊士は今でいう剣道の稽古着みたいな着物に袴を穿いて、たすき掛けでハチマキをつけ刀を差している。これに対し新政府軍はズボンの洋服姿で銃を持っている。この銃は長崎のグラバー商会あたりが納め、アメリカで起きた南北戦争（一八六一〜一八六五）で使用した銃のセコハンも多かったみたいです。逃げる時に彰義隊は谷中から根津・千駄木の街を焼きました。また、寺の陰に隠れる彰義隊を見つけるために、寛永寺の堂塔伽藍に火をつけたのは新政府軍と言われています。じつに残念です。

勝は彰義隊は四千人と書いていますが、当日上野にいて生き延びた彰義隊士、阿部杖《じょう》策《さく》は、当日、山に千人くらいしかいなかったと言っています。臆病風に吹かれて逃げてしまったり、吉原あたりで遊んでいて帰れなくなったのもいれば、決戦の日にちを間違えていたり、いろんな人がいた。つまり、当日戦った人は徳川の時代に殉ずるという確信犯です。それなら納得の死ではないでしょうか。私はそう思います。

また脱走する人を引きとめなかったというのも、新撰組のように鉄の規律で人を縛らなかったところも、間抜けといえば間抜けですが、そのゆるさが私は好きです。最終的に山にいた彰義隊は八百人という説もあり、それに対する新政府軍は二千人くらいです。上野戦争はそんなに大規模な戦いではない。しかし意味のない戦いではありませんでした。

両軍とも、前の日に、付近の民衆に「明日は戦争をするので危ないから立ちのくように」という触れを出しています。一般民衆を巻き込まなかった。つまりこれは、一つの体制が終わる際の、武士同士の意地をかけた戦いだったのです。そして、新政府側も根岸方面はのき口として開けておいた。窮鼠猫を噛むようなことにならないように。というか、この方面は寛永寺の領地なので、新政府軍はアウェイで入れなかったのかもしれません。つまり、上野戦争とは「もう徳川の世は終わった」ということを江戸の市民にはっきりと見せつけた、戊辰戦争の中でも決定的な戦いでした。彰義隊は、二百六十五年の江戸の日々を半日で振り返って見せたのです。

墓を建てた男

明治七年までは報道統制もありました。それで、生き延びた小川椙太が、明治七年に上野公園に彰義隊の最初の墓を作り、その後も曲折はありましたが、墓守となって一生を過ごします。だからこの上野の彰義隊の墓を塞ぐように、その前に西郷隆盛銅像が立っているのは私としては不愉快です。西郷さんはその日、上野の山を攻める側で広小路の松坂屋あたりに反対向きにいたわけですから。その小川家の子孫が今も谷中にお住まいで、植物学の研究者で「しのばず自然観察会」を主宰しておられる小川潔先生です。

また山岡鉄舟は明治十六年に三崎坂の途中に、戊辰戦争の両軍を共に慰霊する全生庵を建てました。もう一人、鉄舟の義兄にあたり、徳川慶喜の信任厚く、水戸まで護衛した高橋泥舟の墓は元の寛永寺谷中門があったところ、大雄寺の大楠の下にあり、鉄舟とともに上野戦争の犠牲者の冥福を祈るようです。

よくも保ったな二百六十五年

それにしても「武士は食わねど高楊枝」なんて言いますが、武士階級というものが何も働かないのに、知行地を持ち、禄を食んでいる。その禄とはお米でくれるのですが、これはみんな農民から収奪したものです。農民が汗水垂らして働いて作ったお米を五公五民とか四公六民とかで、召し上げちゃう。それを武士に配っている。もちろん役付の侍はまた別にもらうわけですが、無役の武士もいて、働かなくても禄はくる。しかしそれではとても生活はできないので、うちの先祖のいた仙台藩なんかは武士も全員就農でしたし、ほかにアルバイトをしたり、町人に金を借りたりした。それで士農工商で身分が下のはずの悪徳商人がドラマでは威張り腐ってヘッヘッへなんて笑っているわけです。

武家地はすべて給付地なので、住んでいる武士のものではなく、勝手に売ったり買ったりはできません。大名邸なども上屋敷は幕府からの給付地でした。不始末でお家断絶になっ

上野の山にある彰義隊の墓

たり、お役が替わったり、転勤命令が出たら明け渡さなければならない。それでも家が足りないと、各大名がどうにか、中屋敷や下屋敷を手に入れるというふうになっていた。

こんな政体がこんなに長く続いたのは不思議なくらいです。ただ「切り捨て御免」なんていうのは、ドラマで出てくるように頻繁にあったわけではなく、やった場合にはそれなりの理由が必要で、お仕置きを覚悟しなければいけなかった。今の官僚や政治家のように嘘をつくことはできません。任命に当たっては誓紙というのがあって八百万《やおよろず》の神に潔白を誓いますので、背けばそれなりの罰がありました。

加えて「パックス・トクガワーナ」などとも言いますが、この二百六十五年、日本は一度も他国を侵略したりせず、李氏朝鮮、中国などとも善隣友好関係を結んでいました。また鎖国の一つのメリットは、そのために伝染病が外から入らずにすんだことです。開国して明治になると、例えば大正期にはスペイン風邪が輸入されて流行し、死者の数は日露戦争で戦って死んだ兵士の数よりも多いものでした。

もちろん幕府が倒れ、近代になったのは歴史の必然だったと思います。それでも天狗党の乱などまで入れて、日本が近代になるために払った人的犠牲は一万人ほどと言われます。それは諸外国に比べるとずいぶん少ない犠牲です。明治以降、徐々に憲法ができ、国会ができ、普通選挙、さらには婦人参政権も戦後ですが達成されるわけで、政治的には少しずつは平等の方に近づいているのではないか、と思うのは甘いでしょうか。

しかし、江戸幕府の倒れたのが、ペリー来航という外圧によってであり、またイギリスのピューリタン革命や、一七八九年のフランス革命による王政打倒のような民衆が本当に立ち上がった市民革命によるものではなく、明治政府が天皇制を軸に、藩閥を中心に上からの近代化を進めたということが、現在に至るわが国の民主主義の弱さをもたらしていると思います。

ただ、そのやり残された意識革命をどうすれば後追いでもいいから達成できるのか、ということを学生時代以来、考えていますが、とても難しい問題です。「長いものに巻かれろ」「お上に逆らうな」という同調圧力は依然根強く、自分の考えを公表することすら日本では難しい。下町などは影では権力者をおちょくり、比較的自由にものをいう社会ですが、それでも表面上はお上に逆らわない方が得なので、「面従腹背」という功利的な姿勢が出てきます。

2

明治時代の谷根千

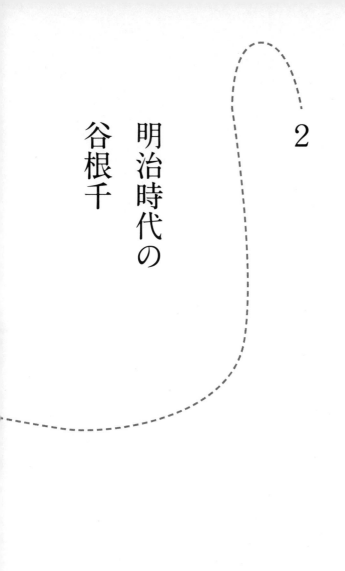

東京遷都

明治元年（一八六八）十月になると、明治天皇が十七歳で京都から東京へ向かう。これが東京遷都です。このとき三千三百人もお供を連れて来て、三千樽もの酒を天皇から振る舞われた市民はイチコロです。本当は大阪遷都の論も強かったらしいのですが、前島密《ひそか》が大久保利通に建言して、東京はほぼ日本の中心にある、そして江戸幕府二百六十五年の経済的蓄積があるという理由で決められたようです。当時、東京は京都に対して、東の都という意味で、横棒一本入った「京」の字を使ったようです。

そして明治天皇は旧江戸城に入るわけですが、これは幕末に焼けていたため、仮御所のような簡素なものでした。しかも明治六年には焼けてしまう。ろくな暖房施設もなく、そこを天皇も女官も素足で歩いていたという記録があります。明治天皇の正妻は昭憲皇太后ですが、なぜか、皇后と言わない。大正天皇の奥さんは貞明皇后、昭和天皇は香淳皇后というのですが、明治天皇の正妻は何か文書上の間違いが踏襲されたようで昭憲皇太后と呼びます。

彼女は一条美子《はるこ》という五摂家の出で、大変繊細で美しい人です。明治天皇との仲も良かったようですが、子供はいない。そういうことに耐えられないほど蒲柳《ほりゅう》の質だったのかもしれません。それで知られている限りでも、五人の側室が十五人の子供を産みましたが、そのうち五人しか育っていません。男子は柳原愛子《なるこ》（二位局）が産んだ大正天皇嘉仁一人で、四人の皇女に婿を取って東久邇宮、久邇宮、朝香宮、竹田宮の四つの家を創立させました。

谷中墓地ができる

それにしても彰義隊の戦争で、わが町で千二百戸もの民家が焼かれたのは大迷惑でした。寛永寺も焼け野原になりました。そして寛永寺の僧侶は一時、所払いになりました。ただ、明治政府も政体を整えるだけでも大変なので、幕臣でも優秀なものは明治政府に出仕させる。寛永寺の僧侶も明治二年には帰山する。彰義隊で牢屋に捕まったものさえ明治二年には出されてしまいます。北のほうで箱館戦争もありますし、南には不平士族の反乱が勃発します。

明治五年になって、太政官布告で寛永寺と天王寺の寺域が収公されて、谷中新葬地ができる。これからは寺請制度でなく、神道でゆく、と。これがいまの都営谷中霊園で、明治七年に開設されました。

同じ時期に青山、染井、雑司ヶ谷ほかにも墓地を作るわけです。だけどなかなか人が入らない。それで、墓地の世話をしろと言われて越してきたお茶屋さんが、苦労して宣伝して、碁敵《ごがたき》などに頼んで入ってもらったと、三原屋の故高尾重子さんから聞いています。谷中墓地は現在一万七千のお墓、三万坪の広さがあります。

霊園の案内図を見ると、園内は甲と乙の地域にわかれています。甲の地域は天王寺の境内で、かつては谷中五重塔が立っていました。幸田露伴の小説『五重塔』に見るところの、のっそり十兵衛が大棟梁川越の源太と張り合って見事に塔を建てるあの物語の舞台となった塔が中にそびえていて、目印になっていました。

戦前はお釈迦様の大きな銅像も谷中墓地の中にあったのですが、天王寺はこれを前回の戦争中、門の中、本堂の前に移しました。なぜなら第二次世界大戦中に「銅像は供出せよ、鋳潰して砲弾にする」と政府が言ったからです。それで谷中墓地のメインの参道にあった川上音二郎の銅像なども鋳潰されたのです。天王寺の処置はまことに賢い判断でした。

乙の地域は通称ひょうたん通りの奥で、甲よりずっと広大です。ここは元寛永寺の境内だったところで、今も徳川宗家の御台所などの墓、老中阿部正弘の一族、また水戸徳川家、

谷中墓地には川上音二郎の銅像があったが、第二次世界大戦で供出させられた。「谷根千同窓会」より

紀州徳川家、田安家などの大きな墓があります。最後の将軍、大正二年に亡くなった徳川慶喜の神式のお墓もあります。ここは外国人観光客にも知られ「ラスト・ショーグン」の墓として訪ねる人が多いようです。中でも一番大きかった渋沢栄一家のお墓、これもかなり縮小されてしまいました。あちこちで整理・統合が進んでいます。

徳川幕府は寺請制度を設けていました。これはキリシタンの宗門改とも関係するのですが、住民はみんな寺の檀家として決められた寺に属していました。要するに戸籍管理を全て寺にさせていたわけです。これはなかなか効率の良いアウトソーシングですね。しかし、明治政府はこの制度をやめて、明治五年に人口を調査し、戸籍簿をつくりました。壬申戸籍といいます。このときの東京府の人口は八十五万九千三百四十五人でした。

キリスト教解禁

谷中新葬地ができたのは、戊辰戦争で幕府方についた二つの寺への懲罰の意味合いもあったと思います。それまでの寺請行政から、今度の新政府は天皇を君主にいただく日本古来の神道に基づく政治をしようとしたので、そのためには寺から切り離された墓地が必要だったのです。さらに明治六年、キリスト教の禁止が解かれて、キリスト教の墓地も必要になってきた。

キリスト教については、慶応元年、長崎の浦上で二百六十年潜伏していたキリシタンが、居留地に大浦天主堂を築いたフランス人のプチジャン神父に「我々は同じ信仰を持つものでございます」と言った。これを「キリシタンの発見」と呼びますが、その前から幕府が目をつけていて、これらの人々に対して慶応三年に「浦上四番崩れ」という大弾圧が起こる。キリシタンは捕らえられて、まだ廃藩置県も行われず、キリシタン禁制も解かれていない狭間の時期に、各藩にお預けとなり、拷問を受けてバタバタと殉教していくわけです。

とくにひどかったのが森鷗外の生まれた津和野藩の「乙女峠の悲劇」ですが、鷗外はさすがに死ぬまでこのことについては口を噤《つぐ》んでいます。開国後のことですから欧米の外交官が黙っていない。強い抗議を受け、明治政府はキリスト教を開禁するのです。これらに関する長崎の大浦天主堂などは「潜伏キリシタン関連遺産」ということで二〇一八年にユネスコの世界遺産になりました。

今、谷中墓地を見てみると、都営墓地の中にいくつかのお寺の飛び地があり、徳川家関係の墓地が立派な石塀に囲まれてあるというわけでなかなか複雑です。そして神道の鳥居がついたお墓が多く、戒名はなくなんとかの命《ミコト》といった神様の名前になっている。また線路ぎわに行くと、十字架の刻まれたキリスト教墓地もあります。

明治五年、谷中には八百九十戸が住んでいます。人口は三千十五人、華族が一、これは大河内家でしょうか。士族が五十五、僧侶が百二十、平民が六百八十三、寄留が三十四とあります。この年は学制が敷かれ、翌年太陰暦が太陽暦になり、といろんなことが行われました。このころの明治政府の動きの速さには驚かされます。

大名庭園の荒廃

新政府は各藩主から大名屋敷を返還させ、藩主にはいったん領国に帰るよう命令しました。しかし、その後、版籍奉還（一八六九）、廃藩置県（一八七一）となり、元のお殿様がその県の知事に任命されることが多かったのです。それで、東京の大名屋敷は住む人もなくなり、荒れ果てたという話はよく聞きます。例えば、日暮里渡辺町、今の開成学園のあたりは秋田の佐竹家の衆楽園という美しい庭でしたが、これも荒れ果てた。

千駄木町は掛川藩太田家の屋敷でしたが、ここも太田が原と言って誰でも入り込めるような荒れた庭でした。そこに明治末ごろ団子坂不同舎の画家たちが絵を描きにいき、石井柏亭の「太田が原」などの油絵が残っています。しかし珍しいことに、今も子孫の太田さんがお住まいです。

後楽園は水戸徳川家の屋敷ですが、保全され、現在、国の特別名勝、特別史跡として公開されています。これは特別が二つも重なって指定されているのは極めて珍しいケースです。以前は新江戸川公園といった肥後細川庭園は熊本の細川家の屋敷、六義園は柳沢家の屋敷、須藤公園は松平備後守の屋敷と、谷根千のみならず、東京に緑地が多いのは、かつての大名庭園が保全されているからに他なりません。

また旗本や御家人などの幕府お抱えの武家屋敷も幕府の給付地だったので、幕府瓦解ののちは収公され、明治政府の大官などの屋敷になりました。官庁が当時から霞が関から日比谷あたりにできたので、こうした屋敷は駿河台の高台や番町麹町などに多かった。

ところが政府の動きはフラフラしていて、今度は旧藩主は東京に住むようにという指示が出たようです。さらに華族令などで、旧藩主は華族となり、その体面を保つためにも東京に今度は自分で屋敷を買い求めました。弥生町は芸州浅野家が維新後に買い求めて屋敷にしたとご子孫から聞いています。

しかし太田家と同じく、旧大名屋敷をそのまま存続した例も、西片町の福山藩阿部家、小石川曙町の酒井家、土井家など結構多く見られます。

桑茶政策

東京府知事の大木喬任《たかとう》が明治二年(一八六九)に不思議な政策を出しました。「桑茶令」というもので、空いた武家屋敷百万町歩に、お茶と桑を植えて、蚕を育てろ、という。当時の地図を見るとたくさん、茶の字が見えます。今の渋谷の松濤《しょうとう》とか北区の滝野川あたりはお茶で有名だったそうです。桑というからには養蚕も東京市中でやっていたのでしょうか。駒込曙町で会計検査院の幹部の父をもつ平塚らいてうは明治十九年の生まれですが、物心ついた頃、庭で茶摘みをして、それを煎茶にしたことを自伝で書いています。

明治五年には新橋—横浜間の鉄道が敷かれました。これは東京湾が浅すぎて大型船がつけられなかったため、文物往来には幕末に開港した横浜港を頼るしかなかったのです。同年には銀座を煉瓦街にしました。これは文明開化の一環ですが、高温多湿の日本に合わなくて、湿気るは黴《かび》るはで、当初、入居者に評判は悪かったようです。

そして、やってきた欧米人を築地居留地に住まわせた。だから、初期のキリスト教の学校、立教、青山学院、明治学院、女子学院など多くは築地に創立したのです。

この間に、版籍奉還、廃藩置県、地租改正、秩禄処分とものすごくドラスティックな改革を新政府は行っていく。旧武士たちは禄を失い、傘張りや、襖張り、士族の商法、剣道の先生、居合抜きなどの見世物、いろんな形で生き延びた。中には北海道開拓、あるいはのちにハワイ移民やブラジル移民にも、こうした武士の子孫はでかけていきます。しかし不満がないはずはない。それで不平士族の反乱というのがあちこちで起きるのですが、その最大最後のものが、西郷隆盛が故郷の薩摩に帰って起こした西南戦争です。この時は戊辰戦争で薩長にやられた会津の人々が警官や兵隊になって、会津の仇を田原坂《たばるざか》で打つために出かけています。

廃仏毀釈

武士たちも大変でしたが、谷中あたりの寺も廃仏毀釈で衰微しました。それまで手厚く保護をされ、過去帳という形で戸籍の管理をしてきたお寺は荒れました。住職がいない無住の寺になったり、尼さん一人しかいないとか、他にも境内をどこかの学校に貸す寺などが出てきました。明治十八年（一八八五）創立の第一日暮里小学校はお寺の跡地にできています。

京都で聞いた話ですが、京都では天皇は東京に行ってしまうし、二千もの寺が一斉に衰微し、智積院の大部分が祇園の花街になったそうです。また仁和寺などでも廃仏毀釈で塔頭（下寺）はほとんど消えたと聞きました。仏教の隆盛には東京での布教が不可欠と、西本願寺などは出版部を本郷西片町に移し、そこで修養と禁酒を唱える「反省会雑誌」を創刊します。これが『中央公論』の前身です。明治末に滝田樗陰《ちょいん》が編集長になり、宮本百合子を発見し、芥川龍之介などが重用されて、大雑誌になっていきます。

江戸城が皇居に、加賀前田家の屋敷は東京大学に、水戸屋敷はそのまま後楽園という庭園に、中屋敷は一高に、寛永寺は上野公園に、と跡地は結構公共的な利用がなされています。

東京大学の沿革も大変複雑で、名前もコロコロ変わります。幕府の開いた昌平坂学問所、開成所、下谷にあった医学所、神田にあった天文方、洋書調所などをもととする東京開成学校と東京医学校を合併し、明治十年、東京大学になる。最初はただの東京大学、今と同じです。その後、明治十九年に帝国大学令ができて、帝国大学と改称、明治三十年、京都にも帝国大学ができたので、これと区別するため東京帝国大学となります。続けて東北、九州、北海道にできて五帝大、大阪、名古屋にできて七帝大、植民地だった台北と京城にもできました。

本郷あたりは東大で教える学者と学生の住む街になっていきます。戦後になると今度は「帝国」の二文字が取れました。反対側の上野の丘に明治二十二〜三年、アートカレッジ、東京美術学校と東京音楽学校ができ、桜木から谷中あたりは画家や彫刻家、音楽家なども多く住む街になっていきます。現在の東京芸術大学です。

根津遊郭

さて根津はどうなったかといえば、ここはなんと、新政府のお許しが出て、堂々と遊郭になってしまう。多い時で千人ほどの遊女がいたということです。遊女屋の旦那は市会議員になったり、また遊女を集めて学校を開いたりもした。今の不忍通りは根津の遊郭の中通りを延伸させてできたものです。

池之端七軒町のあたりに引き手茶屋があり、今の根津交差点のところに逢初橋《あいそめ》がかかり、ここが遊郭の惣門です。吉原は浅草田んぼの真ん中にでき、周りを溝で囲まれ、大門に入るには橋を渡らないといけない異界でした。根津も溝川を橋で渡って中に入ったようです。桜の頃はどこからか桜の木を根っこごと持ってきて一夜にして桜並木を作ってしまうとか、これは明治九年（一八七七）からお雇い外国人として東京大学で教えたエルヴィン・フォン・ベルツの『ベルツの日記』に書いてありますから本当でしょう。彼ら教師は根津遊郭にほど近い東大の中に洋館を建ててもらって住んでいました。

もちろん遊女は梅毒などの性病に罹るとお休みさせられます。そのための検黴所などもありました。これは女性からすると本当に悲しい話なのですが、貧しいがゆえに地方から売られてきた遊女は体を酷使させられ、男の医師によって定期的に性器を検査され、問題があると休まされる。前借はかさむ一方というようなことだったのです。だから根津はそう考えると悲しい土地です。

しかし根津はそのことで栄えました。根津には遊郭で潤う商売がありました。酒屋、魚屋、仕出し屋、布団屋、畳屋などです。ところが明治十年ごろ、加賀屋敷跡にまとまった東京大学の学生が坂下の根津で遊んで勉強しない。例えば森鷗外の『ヰタ・セクスアリス』（我が性的生涯）には根津に入り浸っている友達を救出しにいくくだりがあります。

また坪内逍遥の『当世書生気質』にも根津遊郭が出てきます。まさに坪内は大八幡楼の花魁、花紫にぞっこんでついに彼女を正妻にしてしまいます。芸者やホステスと結婚する人はいますが、遊女と結婚した文学者は珍しい。総長になると妻のことを取り沙汰されると思い、逍遥はついに早稲田の総長にならずじまいでした。

根津遊郭は東大との関係で移転を余儀なくされ、明治二十一年六月三十日限りで深川の埋め立て地、洲崎に移転します、これが戦後の売春防止法まであった洲崎で、芝木好子が小説に書いた『洲崎パラダイス』です。

根津の大八幡楼のあとが温泉旅館紫明館になり、そのあと結核療養の根津真泉病院、ここに彫塑家戸張孤雁が入院しています。そのあとタバコ専売局で女性たちが働き、さらに日本医大看護婦学校になって、土地の人たちはよほど女に縁の深い土地だと言ったものですが、現在、日本医科大学大学院になっています。いまそこで学んでいる方たちは知らないと思いますが。

勧業博覧会

明治十年（一八七八）に、第一回内国勧業博覧会というものが上野で開催されます。新政府軍が上野戦争の際に焼いて焼け野原になった上野の山に仮設の建築をたてました。これは木造のパビリオンですね。文明開化、富国強兵、殖産興業の方向へみんなを駆り立てるために、海外の進んだ、珍しいものを持ってきてみせました。まさに追いつけ追い越せの教化です。この時の入場者は百日間で四十五万人、明治十四年の第二回も上野で行われ、これは八十二万人、二十三年の第三回は百二万人の大変大掛かりなイベントでした。

それからは、上野は徳川家の聖地、戦場だった過去を捨てて、日本の近代化を推進する博覧会場に化けていきます。大正三年（一九一四）の東京大正博覧会、十一年の平和記念東京博覧会、昭和三年（一九二八）の大礼記念国産振興東京博覧会などが行われます。これは昭和三年に昭和天皇の即位式が行

大正三年に上野公園で開かれた東京大正博覧会の会場入り口。山崎四郎造氏提供。「谷根千同窓会」より

われるのに合わせたものです。このほか、特産品博覧会、貿易品博覧会、婦人子供博覧会、納涼博覧会、拓殖博覧会などなんでもござれ。戦後ですと晴海、現在ですと有明のビッグサイトのようなものです。

例えば新規な乗り物だけでも、上野で初めて民衆が見たものにロープウェイ、ウォーターシュート、エスカレーター、電車、グライダーなどがあります。これは徳川家の菩提寺であった上野を脱政治化して、新政府の文明開花、殖産興業のイベント会場にしてしまったということですね。

また博覧会で売れ残ったものを常設で売ろうということで作られたのが勧工場です。「かんこば」とも読まれましたが、個店の集積で、あまり良くない品質のものを売っていました。しかし、これを冷やかして歩くのは、市民の娯楽でもあり、樋口一葉の日記には妹と観工場を見て歩く姿があります。

上野駅開業

明治十七年（一八八四）には不忍池をめぐる競馬が始まりますが、同時期の上野駅開業により、鉄路は北に延び、東北の

明治十七年にはじまる競馬。不忍の池をめぐった。「東京名所帖」より、国立国会図書館蔵

文物を東京に運んで売るという流通ができていく。もともと東北は奥羽越列藩同盟で最後まで新政府軍に抵抗しましたので、東北を鎮撫するのは明治新政府の最大課題で、明治天皇も明治九年という早い段階で、輿に乗って東北巡幸をしています。

今はトラック輸送が主流ですが、その頃は自動車もなく、まだ立派な国道もできていませんから、もっぱら鉄道の貨物輸送に頼っていました。そして鉄道は同時に人も運びました。私たちの町に東北、信州、新潟などの出身者が多いのは、上野駅に着いて、そこから丁稚奉公、職人の見習い奉公、女中奉公などにきたためです。上野周辺にはこうした地方出身者のための職業紹介所、いわゆる口入屋がありました。丁稚、小僧、工場労働者、若い女性の身売りなどもこのルートで出てきています。

彼らはその頃、休みは一日と十五日のみ。運が良くても故郷に帰れるのは、藪入りというお盆とお正月の年二回でしたので、その他の日は労働基準法もなく、働かされていました。このときは主家からお仕着せという新しい着物と小遣いを貰いました。休みの日には浅草に行っておいしいものを食べるとか、映画を見るとか、芝居を見る。そのくらいが楽しみでした。辛い時は上野の山から故郷の方に行く列車を眺めました。ああ、あれに乗れば、故郷に行ける。金沢出身の室生犀星が歌ったように、故郷に向かう駅に近いところに住むのが、一つの安全保障でした。

岩手出身の石川啄木は上野駅を舞台に〈ふるさとの 訛なつかし 停車場の 人ごみの中にそを聴きにゆく〉と歌っています。

いっぽう根生いの東京人には自分が東京という土地に安住できるような甘えがあり、立身出世で上京した地方人のガッツにはなかなか勝てない。福岡人、夢野久作の『東京人の堕落時代』はそうした東京者の軽さや粘りのなさを笑っています。

桜木町の土地経営

上野周辺には寛永寺の塔頭があって、東側の崖下の下寺を整理した跡地に駅舎を作り、上野駅と称した。これが明治十六年のことです。その下寺は高台の桜木町に移転、さらに、それを整理して寛永寺が借地経営に乗り出します。高台は桜ヶ丘と呼ばれていたのでそれに因んで上野桜木町という名前にしました。これには徳川家に思い入れを持つ渋沢栄一と大倉喜八郎の二人の実業家が肝いりになりました。今も寛永寺から土地を借りている人が多いです。

ここには、もちろん美術学校関係者が多く住み、北華倶楽部なる親睦団体もあったようですが、同時に芸人も多い町でした。それは浅草や上野の寄席に歩いていけるからです。今は芸人さんはテレビで相当稼ぎますが、当時は社会的な地位が低く、貧乏でした。それでもある時期までは町内に寄席があり、鳶の頭などが経営して、夜、銭湯に行って夕食を食べた後に家族で寄席に遊びにでかけるのは楽しみの一つでした。動坂、根津、谷中、本郷あたりにも寄席はありました。

桜木町には、浄名院という塔頭がありますが、明治の半ばにここの妙運大和尚が発起して民衆の幸福を祈願するために「八万四千体の地蔵」を発願して境内は多数の地蔵尊で埋めつくされています。

市区改正

その後、明治初期には大区小区制という行政区画が施行されました。これは第四大区一小区というように数字で行政区域を示したものです。明治二十一年に市区改正が公布され、翌明治二十二年に東京市が誕生し、旧十五区というのができました。これが旧江戸市中といってよいでしょう。覚えておくと便利です。

神田区＋麹町区＝のちの千代田区
京橋区＋日本橋区＝のちの中央区
下谷区＋浅草区＝のちの台東区
本郷区＋小石川区＝のちの文京区

牛込区＋四谷区＝のちの新宿区
芝区＋麻布区＋赤坂区＝のちの港区
深川区＝のちの江東区の一部
本所区＝のちの墨田区の一部

それ以外は東京府内であっても東京市外です。私たちの町に近いところでは、荒川区も北区も東京府のうちですが、市外北豊島郡です。国木田独歩の描いた「武蔵野」なんて今の渋谷のＮＨＫあたりのことなんですから。この前、武蔵五日市に行ったところ、「渋谷が村だった頃、五日市は町だった」と自慢をしている人がいました。

昭和七年になってこれらの隣接の町村を編入し、例えば北豊島郡は豊島区、荒川区、滝野川区、王子区、板橋区などの二十区を新設、これで三十五区時代というのがあります。これを戦後の一九四七年に今の二十三区に再編したというわけです。

山手と下町

山手という言葉は曲亭馬琴の『玄同放言』（文政元年）に「四谷、青山、市ヶ谷、北は小石川、本郷を全て山手といふ」と出ています。もちろん土地の高低差をも表した言葉で、武家屋敷などが多い山手に対し、下町は庶民のひしめく低地です。

山手は明治以降、杉並とか世田谷までもおよびました。下町の範囲も時代につれて変わっていき、神田や浅草、深川から、戦後には荒川あたりが倍賞千恵子の「下町の太陽」に歌われ、映画『男はつらいよ』で寅さんが出現すると、葛飾柴又までが「下町」と言われました。荒川や葛飾は農村部だったので、当時は新開地、川向こう、場末と言われていましたが、現在、このような言葉は使えません。新開地、すなわちニュータウンですね。

江戸時代は谷中も寺町であり、場末でした。「谷根千」を下町とよく言われるのですが、違和感があります。「古いものが残っている町」「人情と近所のある町」「江戸の時を刻む町」などはいいと思いましたが。そしてそういう報道が行われると必ず、千駄木のお屋敷町の奥様などから「千駄木は根津や谷中とは違う、お屋敷町なんだから一緒にしないでちょうだい」と叱られたものです。

団子坂菊人形

ここで、千駄木の団子坂で幕末から開かれた菊人形についてお話をしておきましょう。前に述べたように、染井や駒込に植木屋が多かったのは、野菜を作るより、武家屋敷や寺院の植木職人になるほうが実入りが良かったこともあるようです。中でも代々伊藤伊兵衛を名乗る霧島屋は園芸家として有名で、つつじや菊の品種改良に関わりました。日本で最初の園芸研究所のようなものを作り、三代目の三之丞が日本初の園芸書と言われる『花壇地錦抄』という本を書いています。

その染井あたりの菊作りの植木屋が、文化文政の頃、団子坂に進出して、最初は菊で作った景物を見せていたようですが、いったん衰微したあと、人気役者の頭を人形師に作らせて、着物を菊で着せるというものを考え出し、東都の秋の風物詩として人気を集めました。それが明治八年のことで、この年に坂下の「菊見せんべい」も開店しています。最初に始めたのが、植梅の浅井家と親戚筋に当たる種半の大西家ですが、そのほか薫風園、植惣など三十軒まで増えたとのことです。

団子坂の両側に小屋掛で、入り口に呼び込みの男を置き、中の背景画は明治二十年代に入ると当時の美校の学生などが書いた。この菊人形は二葉亭四迷の『浮雲』、森鷗外の『青年』、夏目漱石の『三四郎』にも出てきますが、明治末年をもって消えます。その頃、両国の国技館で電気仕掛けの大掛かりな菊人形が始まり、それに太刀打ちできなかったらしい。今

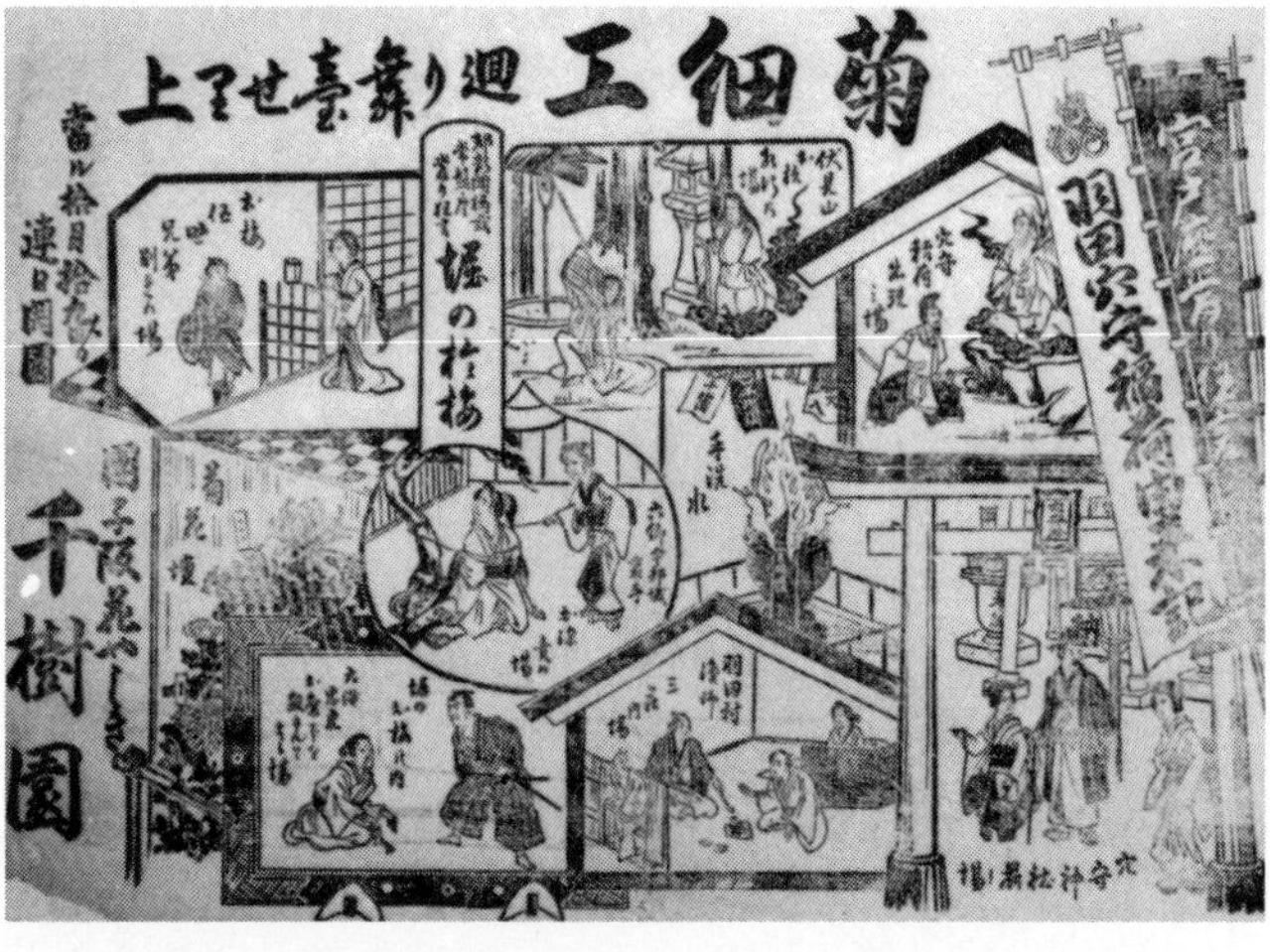

団子坂で行われた菊人形のちらし

も福島二本松や福井の武生などで菊人形は開催されています。

ちなみに今の団子坂は、かなり後になって工事でなだらかにしたり、まっすぐにしたものです。当時はもっと狭く、人が地べたから生えてくるように見えるくらい急だったとのこと。それで、坂下には荷車の後押しをしてお鳥目《ちょうもく》（チップ）をもらう「軽子《かるこ》」「立ちん坊」などという人たちがいたそうです。そして馬があまりの急坂に転んで足を折ったりしたといいます。

幸田露伴と五重塔

明治二十年代くらいの谷中はお寺がまだ復興せず、人口も少ない静かな街でした。そのころ、作家の幸田露伴（成行）は、まだ二十代の半ばで独身でしたが、谷中に住んでいました。朝な夕な仰ぎ見る五重の塔を舞台に、棟梁川越の源太と争って塔を建てる叩き大工、のっそり十兵衛の小説『五重塔』（一八九三）を作りました。

その頃、森鷗外は文芸誌『しがらみ草紙』につづく『めさまし草』を始め、斎藤緑雨と幸田露伴とともに、日本で初の文学評論と言われる『三人冗語』を掲載します。

鷗外が文久二年（一八六二）生まれと五歳年上で、露伴と緑雨は同じ慶応三年（一八六七）生まれです。そのころは谷中の露伴と千駄木の鷗外は仲が良く行き来があったと思います。

露伴はもともと下谷三枚橋のたもとに生まれた幕府表坊主衆の子で、露伴の父親は下谷教会の最初のメンバーでした。当時、キリスト教は薩長藩閥政府に反発する旧幕臣系の人々に支持されていました。露伴の兄弟は皆ひとかどのものになりました。次兄が、郡司成忠大尉といってカラフト探検に業績をあげた冒険家、妹二人が幸田延、安藤幸といって草創期のピアニストとヴァイオリニストで、いずれも母校東京音楽学校教授となりました。その下に歴史学者の幸田成友がいます。露伴は電信修技学校を出て、北海道の余市に赴任するのですが、嫌になって歩いて帰ってくる。これが『突貫紀行』という名随筆になっています。そして早くに作家デビューして「風流仏」で認められました。

正岡子規

もう一人、露伴と同い年の正岡子規が、明治十六年に伊予の松山から上京、大学予備門に合格し、やがて本郷真砂町の学生寮、常盤会寄宿舎に住みました。

正岡の家は父が伊予松山藩の下級武士で早く亡くなったため、子規は母八重と母方の祖父で漢学者の大原観山に育てられ、小学校の時代から回覧雑誌を作り、演説の真似事をするような早熟な子供でした。予備門時代は野球に夢中になります。しかし十九歳で最初の喀血、帝国大学文科に進学したけれど、学校と試験嫌いでもあり、こんなことをしている場合じゃないと、大学を中退します。

彼は最初、小説家になろうと「月の都」という小説を書いて、谷中に暮らす同い年の露伴に持っていったところ、良い評価を得られませんでした。子規のプライドは傷ついたことでしょう。子規はこれで小説家の道を諦め、大学もやめて、『日本』という新聞の記者をしながら、俳句に夢中になり出します。根岸に越したのは明治二十五年です。

さらに明治三十年代に入ると短歌にも興味を示し、明治三十五年に亡くなるまでの短い人生で、俳句と短歌の革新という大きな事業を成し遂げます。根岸は彼が人生の後半の十年を暮らした場所で、今も「根岸子規庵」が守られ、公開されています。

その隣には子規が見出した画家、中村不折の収集による「書道博物館」が台東区によって公開され、文学・美術を味わえる場所となっています。

根岸党

それより以前、谷中から根岸にかけて、「根岸党」というグループができました。「根岸派」ともいいますが、これは文学的結社というより、江戸を愛する「一味」みたいなもので、饗庭《あえば》篁村《こうそん》、森田思軒を中心に幸堂得知《こうどうとくち》、宮崎三昧、須藤南翠、依田学海、高橋太華《たいか》、時に岡倉天心、森鷗外も交ざりました。この人たちの子孫も谷中にいました。みんな幕臣であったり、旧江戸に想いを寄せる人々です。もう忘れられた名前が多いのですが、この人たちについては露伴の伝記を書いた塩谷賛が『露伴と遊び』（一九七二）という本を出しています。

彼らの牙城は上野山下の雁鍋とか松源で、この二つの料亭には上野戦争の時、その二階に新政府軍が大砲をあげてそこから山を撃ったという話が残っています。松源の方は森鷗外の小説『雁』に登場します。東京大学の小遣い、末造が学生に高利貸しをして儲けた金で、美人の若いお玉を囲う、その見合いの席として使われています。他に下谷に伊予紋という有名な料亭がありますが、これは今の御徒町駅のあたりにあり、樋口一葉が恋慕の対象だった半井桃水《なからいとうすい》の病気見舞いに「伊予紋の口取り」を買って持っていっています。

森鷗外

子規が根岸に越したのと同じく明治二十五年（一八九二）に、三十歳の軍医森鷗外は団子坂上の千駄木町二十一番地に家族とともに越してきます。森家は津和野の亀井家の御典医の家柄で、明治五年に一家を挙げて上京、向島に住んだのち、父静男が千住で開業医をしていました。鷗外がドイツ留学から帰ると、最初に結婚した赤松登志子と上野花園町に住み、ここで仲間たちと訳詩集『於母影』を出しています。しかしこの結婚はうまくいかず、離婚の後、また独身となった鷗外は明治二十三年ごろには千駄木町五十七番地に弟たちと住みます。これが十年のちにもう一人の文豪夏目漱石が住んだ家です。やがて、長男大事の鷗外の母峰子が、自分で団子坂上に土地を見つけ、森家はここで再結集することになるのです。鷗外は千駄木の家を舞台に『半日』『団子坂』『金毘羅』『青年』などを書いています。

仮名垣魯文

順序が後先になりましたが、露伴より先、いわゆる文明開化の中で戯作というものをしたのが仮名垣魯文(一八二九〜一八九四)です。元は新聞記者で、引札もたくさん描く広告屋でもありましたが、作品としては『安愚楽鍋』や『西洋道中膝栗毛』などを書きました。江戸時代には日本人は菜食が通常で、魚や鳥はともかく、四つ足の獣は食べなかったのですが、文明開化により、牛肉や牛乳の栄養が宣伝され、市中には「牛鍋屋」と称する店が多くできました。『安愚楽鍋』ではここに集まる人々を魯文は滑稽本のような形で書いています。彼のお墓は三崎坂上の永久寺にあり、朝鮮独立の闘士、金玉均《キムオッキュン》が墓表を書いています。

三遊亭圓朝

近代落語の祖と言われるこの人は大変、谷根千にゆかりの深い人で、その作品にはたくさんこの土地が出てきます。生まれたのが天保年間、湯島大根畑で、異父兄は谷中の寺の僧侶でした。そちらに身を寄せ、一旦は丁稚に出されたり、絵師にさせられそうになりましたが、芸人を志しました。池之端に弟子と住んでいたこともある。

従来、圓朝は坪内逍遥や山田美妙の言文一致体に影響を与えた芸人という程度の評価でしたが、二〇一二年に岩波書店から『円朝全集』も出て、圓朝こそ明治文学の筆頭に据えるべき文学者だとして評価されるようになりました。

多くの新作を作りましたが、例えば有名な「怪談牡丹灯籠」は根津の清水に住む浪人萩原新三郎のもとへ谷中三崎から夜な夜な忍んで来る女の幽霊の話ですし、「真景《しんけい》累《かさね》ヶ《が》淵《ふち》」の話は池之端七軒町であんまの死体が発見されることから始まります。他にも「芝浜」「文七元結」「死神」なども圓朝の作品ですし、海外の話を翻案して作品にすることもあり、歌舞伎にもなり、勤倹節約でよく働く「塩原多助」は修身の教科書にも載りました。

圓朝は明治維新を三十二歳で折り返し、その後ほぼ同じ三十年を生きます。そして文明開化に翻弄される人々を描きました。大変な教養人でもあり、茶人でもありました。天皇の前で語りもし、芸人の地位向上にもつくしましたが、そのために井上馨の北海道漫遊のお供をするなど、明治の藩閥政府に利用される面もありました。メディアが今ほどない頃、寄席の話こそがメディアそのもので、明治政府は三条の教憲を出して、寄席芸人の馴化《じゅんか》と取り締まりもしました。

しかし、その落語を虚心に聞けば、悲劇の将、小栗上野介の遺児の数奇な物語、彰義隊の春日左衛門の遺児の話など、江戸の下町っ子だけに、旧幕府型の人々に心を寄せる物語も多く、被差別部落やアイヌ人に対する公平な目線も生きています。

彼は谷中に全生庵を建てた山岡鉄舟に可愛がられ、お墓も鉄舟の墓の前にあります。八月には町ぐるみで「谷中圓朝まつり」が開かれ、彼の集めた幽霊画の展観もあります。

朗月亭羅文

ついでにいかにも江戸っ子の文人として、今も根津にある酒屋「相模屋」のせがれ、滝沢羅文がいます。彼は幸田露伴の十歳年上の弟子で、実家が根津遊郭にお酒を入れてお金があったので一生遊びながら文を書きました。根津の三奇人と言われ、三遊亭圓朝の伝記を新聞に書いたことがありました。俳諧にも優れていました。残念ながら、明治二十四年に三十五歳の若さで脚気で亡くなっています。

歌沢能六斎（一八二六〜一八八六）は幕末の端唄・都々逸の作者ですが、これも根津の五人堀の旗本、森宗兵衛の次男で、他に梅暮里谷峨《うめぼりこくが》という号ももち、本名は萩原乙彦という遊び人でした。明治になると静岡新聞社の社長にもなっています。のろくさい、という号は現在のスロー文化を先取りしているともいえるでしょう。

こうしてみると、明治のわが町にはたくさんの文人がすみ、お互い行き来していた様子がよくわかります。

美術学校の開設

今度は美術の話をしましょう。明治二十三年に上野の山の美術学校の初代校長になったのが岡倉天心です。彼は越前福井藩の息子として文久二年（一八六三）に生まれました。鷗外と同い年です。横浜で生れ、早くから英語を身につけて、十九歳で東京大学を出ました。その頃すでに結婚していたのですが、奥さんがヒステリーを起こして彼の卒論を焼いてしまう。それであわてて美術行政について書き直し、それを卒論として、卒業後は出来たばかりの音楽取調掛に勤めます。

それからアーネスト・フェノロサの助手となって日本美術の調査に携わり、法隆寺の夢殿を、フェノロサと欧米を視察し、東京美術学校設立に奔走しました。その時のパトロンが九鬼隆一ですが、アメリカから帰国する九鬼の妻、波津子をエスコートしたことから双方、恋に落ちます。それでも明治二十三年に二十七歳で美術学校初代校長になりますが、このスキャンダルが問題となり、明治三十一年に辞職しています。

その後、欧化主義、鹿鳴館建設などで条約改正に乗り出し、着なれぬドレスや燕尾服を着てダンスをするというような風潮に反対して、日本文化の保護育成にあたります。言ってみれば「反動」というべきかもしれませんが、日本人が慣れぬ油絵の具で西洋風絵画を描くより、日本画を極めるべきだという彼の主張はもっともなところもあります。美術学校の制服を天平調のものにして、狩野芳崖《かのうほうがい》などを教授に迎えたりもしました。しかし彼のために美術学校に洋画科ができる（一八九六）のは遅れました。

高村光雲と平櫛田中

美術学校開設時に木彫科の教授として招かれたのが、高村光太郎の父の高村光雲です。この人はもともと仏師でした。明治以降、仏像を頼む人がいなくなったので、多くの木彫家は牙彫に走り、谷中派と言われるくらい牙彫の職人が多かったようです。彼らが根付などの横浜港からのスーベニアを作る中で、光雲は律儀に木彫を守っていました。そこが評価され、天心の招聘で美術学校教授、帝室技芸員になりました。それでも下谷の狭い長屋で尻っぱしょりに冷や飯草履で仕事をしていた職人の彼は、学校では権威的な服装をさせられて困ったようです。

いま桜木の平櫛田中《ひらくしでんちゅう》邸をたいとう歴史都市研究会が管理していますが、ここの主の平櫛田中も、明治三十年ごろ。高村光雲に入門し、上三崎北町長安寺に下宿していました。そのころ高村光雲は、下谷の空気が悪いので、山の上に上がってきて谷中の多宝院の前あたりに住み、さらに本郷区の千駄木林町に越しました。高村光太郎は、第一日暮里小学校に通い、お諏方様のお祭りに鈴襷をかけて町を走り回ったころのことを書いています。その谷中の家は昭和八年の道路拡幅により、いま道路の上になっています。

木彫だけでなく、上野の西郷隆盛（一八九八）や皇居前の楠木正成（一九〇〇）など、明治時代の銅像の多くは高村光雲の原型で、岡崎雪声という人が鋳造に当たっています。その岡崎の助手であったのが平塚駒次郎で、朝倉文夫の作品の鋳造もやっていました。その息子が諏方神社の門前に住んでおられた平塚春造さんで、日暮里の「里の語りべ」を名乗る地誌に詳しい方でした。

ついでに帝国図書館

また美校といえば、この近くに今は国際子ども図書館というのができていますが、ここはかつて国会図書館支部上野図書館といって日本中の博士論文を収蔵していたところで、地下に古風なカフェがあったのを覚えています。明治三十九年竣工のアンピール様式の宏壮なものですが、日露戦争に出費がかさみ、そのぶん図書館の建築費用が削られて、計画より縮小されたといいます。

日本で最初の国立図書館は上野にあった東京図書館（明治十三年）でした。ここには婦人室があって、樋口一葉や清水紫琴をはじめ、貧乏で向学心に満ちた女性は、男子の目を気にせずに、心置きなく勉強ができたのです。

他にも、上野公園内には、上野東照宮、寛永寺五重塔などの江戸期の建築、大名屋敷池田屋敷表門（移築）、渡辺仁設計の東京国立博物館、片山東熊の表慶館、科学博物館、世界遺産の構成要件になったコルビジェの西洋美術館など国の重要文化財や、黒田記念館など国登録文化財が多く、まさしく「建築公園」と言ってもいいほどです。

日本美術院の誕生

さて時代は戻って、美校の校長だった岡倉天心はスキャンダルもあって、校長排斥運動がおこり、彼は罷免されます。そうすると天心を崇拝し、心の拠り所にしていた横山大観、菱田春草、木村武山、下村観山らも一緒に退職してしまいます。そして、翌年、谷中初音町に在野の美術団体、日本美術院を興すのです。

この場所は谷中蛍沢といって、岡倉天心記念公園のところです。日本美術院の石碑と六角堂には平櫛田中が岡倉天心を木彫にしたものをもとに、銅像にして金箔を貼った像が収められています。

そして当時の同人は、今の日暮里の側、まだ田畑が広がっているところに、「谷中八軒屋」という茅葺の似たような家を建てて住んでいた。すでに皆妻帯していましたが、あまりに家が似ていて、酔っ払って帰ってくるとどれかわからないで、人の家に帰って寝たというような逸話も残っています。ここで、美術の研鑽を積んで、展覧会もしましたが、当時の美術評を見ますと、あまりにひなびた場所で、泥濘の道を来るので、客が多くなかったとも言われています。

彼らの絵の特徴は、それまでの日本は黒い線で絵の輪郭が描いてあることが多かったのですが、その輪郭を描くのをやめた。口の悪い人からはどこからどこが絵なのかわからないというので「朦朧体」などと言われました。

五浦の美術院

岡倉天心は天才ですが、過激な人なので、「東京では良い絵は描けない」と言って、茨城県の五浦に同人を家族ぐるみで引っ越させます。ここには天心時代の建物がいくつか残っていて、日本ナショナルトラストが管理しています。そこでの暮らしは貧しく、横山大観の奥さんが結核で亡くなったり悲惨なことも多かった。天心だけは絵を描かず、描いた絵の批評をしながら釣りなんかしていたわけです。

この美術院は、天心がボストン美術館の中国・日本美術部長を務めたり、その後、大正二年に五十歳で新潟の赤倉で亡くなったこともあり、途絶しました。天心の死後、すぐさま横山大観が谷中に美術院を再興します。現在、谷中の瑞輪寺の前にあり、院展を開催している美術団体です。ここの庭には岡倉天心が神様に祀られています。

横山大観はその後、不忍池を前に静かに絵を描きたいということで池之端に大きな屋敷を建てましたが、今では前側が不忍通りの幹線道路になって静かとはいえません。公開されていて、ここに行くと彼の代表作が見られますし、大観が歌った日本美術院歌も聞くことができます。その他のメンバーとして菱田春草は天才と言われたのですが、早く亡くなりました。また木村武山は谷中七丁目にずっと住んでいました。

団子坂不同舎と太平洋美術会

洋画の起こりもまた私たちの町にあったといってよいでしょう。最初に洋画の絵の具や筆を作ることを工夫した川上冬崖の墓は谷中墓地にあります。川上冬崖については井出孫六『アトラス伝説』という伝記小説があります。

工部美術学校で洋画を教えたアントニオ・フォンタネージは明治九〜十一年に「不忍

池」を描いています。また新潟出身の小山正太郎は、川上やフォンタネージに学び、明治二十二年に浅井忠とともに明治美術会を創立、画塾不同舎を開きました。やがて団子坂に移り、青木繁、坂本繁二郎、荻原碌山《ろくざん》、中村不折、満谷国四郎、吉田博、石川寅治、石井柏亭、大下藤次郎、鹿子木《かのこぎ》孟郎《たけしろう》、丸山晩霞などが通いました。この明治美術会系の人々は、その暗い画面から「やに派」などと揶揄されます。黒田清輝がフランスから帰国して白馬会を始めると、こちらは明るい画面から「外光派」と言われました。

満谷や吉田博がフランスやアメリカから帰国すると、明治三十七年には谷中清水町に「洋画研究所」が開かれます。のちに谷中真島町に越し、大正時代には中村彝《つね》、鶴田吾郎、斎藤与里《より》、長沼智恵子が学びました。彫刻科もあって、中原悌二郎、戸張孤雁、保田龍門などが活躍しました。東京美術学校に西洋画科ができたのは、明治二十九年（一八九六）で、そこでは浅井忠、黒田清輝、藤島武二、和田英作、岡田三郎助などが洋画を教えました。一方、「太平洋」は官製の美術教育に飽き足らない画家たちの根城となりました。その頃は美術学校をやめて「太平洋」に移る画家もあったといわれます。

中村彝にしても中原悌二郎にしても、谷中あたりで狭い部屋で制作に励み、貧乏であまり栄養も摂れず、若くして肺結核で倒れています。地域には中村彝の絵を診察料の代わりにもらった人もいますし、中原悌二郎のブロンズは桜木町の甘味処愛玉子にもあります。

地域の人はこうした美術家と交流し、助けたのでした。

昭和に入ると、鶴岡政男、靉光《あいみつ》、松本竣介などが「太平洋」に学び、団子坂下、今の大島屋のお蕎麦屋さんのあたりにあった喫茶店「リリオム」を根城に交友を重ねます。この人たちはある時、池袋のすずめヶ丘アトリエ村に移住して、谷中からいなくなってしまいました。これらの人の中にも、戦争で兵士として死んだもの、結核などに倒れた人が少なくありません。

空襲で真島町の建物が消失、戦後は「太平洋美術会」として日暮里の諏方神社の脇に現在もあります。

朝倉文夫

明治三十五年に、朝倉文夫が谷中初音町の一丁目に住みます。朝倉は谷中を代表する美術家で、明治を独走した彫塑家でした。好敵手荻原碌山が若くして亡くなったこともあります。彼は明治十六年、大分の竹田の近く、朝地町の生まれで、兄の渡辺長男《おさお》が先に美術学校で彫塑の勉強をしていました。彼は十九歳で上京した時には正岡子規に学んで俳人になるつもりでした。子規の死によって果たせず、東京美術学校彫刻科専科に入るかたわら、根付の原型など横浜物と呼ばれる、外国人向けのスーベニアの原型を作り、これがよく売れて若い時から裕福でした。朝倉文夫は技量では兄の渡辺長男をはるかに超えたと自信を持っていました。最高傑作である「墓守」（一九一〇）は谷中墓地の墓守の爺さん田辺半次郎を形作ったもので、高校の美術の教科書にも載っており、石膏の原型は重要文化財に指定されています。

明治四十年、谷中に小さなアトリエと住居を建て、その後も増改築をして、長くそこに住みました。全てに朝倉の美意識や建築に対する考えが示されたユニークな建物です。現在の台東区立朝倉彫塑館で、庭園は国の名勝になっています。

まだ区営になる前、私は一九七三年ごろ大学一年生の時、ここで土日はアルバイトをしておりました。掃除をし、受付やお茶室で催されるお茶会の世話で、炭をおこし、お湯を沸かすなどの仕事ですが、この静かで美しい空間で過ごせたことは幸せでした。

そのころ、まだ日暮里駅前に「白鳥」という名曲喫茶があったり、モーニングが九十円で食べられる喫茶店もありました。いまはフランス料理で評判の「ＹａｎａｋａＳＵＧＩＵＲＡ」が当時、仕出し屋さんで、お茶会で供される豪華幕内弁当を私たちのぶんまで取ってくださる時は、まさに天にも昇る心地でした。大抵はいなり寿司の折詰くらいだったのですが。

朝倉塾と木内克

朝倉文夫は海外留学の夢は果たせませんでしたが、大正十年（一九二一）から美術学校の教授を務めながら、自ら朝倉塾を開いて後進の指導にあたりました。その弟子で上野桜木町に長く住んだ木内克《よし》も大変、優れた彫塑家でした。

朝倉は建築、茶道、釣り、ランの栽培などにも趣味を持ち、また「鶯の鳴き合わせ会」という風流もしました。朝倉の家には大正期には「新しい女」と言われた田村俊子や岡田八千代、また女優の松井須磨子、秩父宮、横綱の双葉山なども訪ねています。「天王寺の親分」と言われ、町の親睦にも協力しました。昭和三十二年七月四日に谷中五重の塔が放火心中によって消失した時、朝倉は再建を提唱しましたが、かないませんでした。

「墓守」の他にも大隈重信像、太田道灌像、尾崎行雄像、五代目尾上菊五郎像、九代目市川團十郎像、秩父宮殿下登山像といった作品があります。また上野駅構内にも朝倉の作品「翼の像」がありますし、上野公園内に移築された奏楽堂（重要文化財）の門のところには滝廉太郎の銅像がありますが、これも朝倉の作品です。

朝倉は八十一歳まで長生きして、大きな御影石のお墓が谷中墓地にあります。

朝倉文夫の二人の娘、摂さんと響子さんはそれぞれ舞台美術家、彫刻家として名を成し、響子さんは二十三歳で日展の特選を受けています。日本各地の公共建築や駅前などに彼女のほっそりした少女の像を見ることができます。千駄木の藪下通りに面したところに大きな屋敷を構えていて、一度お尋ねしたことがあります。

また水戸の出身で、朝倉の彫塑塾に学び、テラコッタのような技法で人気を集めた木内克は桜木町で制作を続け、そのアトリエは今も残っています。

小学校

学制が発布されたのは明治五年（一八七二）、しかしその前から武士たちには藩校もあり、庶民には寺子屋のようなものがありました。東京の古い学校の一つとして、西片町の誠之小学校があります。設立は明治八年、とはいっても福山藩の藩校誠之館の江戸分校が元なので、こんなに早くできたのです。驚くべきことに、同じ本郷の湯島小学校は明治四年、礫川《れきせん》小学校は明治六年に創立しています。湯島小学校は物理学者長岡半太郎の

大正十二年、根津尋常小学校の全児童。木造の校舎は昭和三十五年に改築された。服部真一氏提供。「谷根千同窓会」より

卒業した学校ですが、いまも関東大震災後の復興小学校の姿を残しています。

その次は第一日暮里小学校が明治十八年、根津小学校は明治三十年、谷中小学校ができたのが明治三十五年、千駄木小学校は明治四十二年、そして人口増加により、根津と千駄木の間に汐見小学校が関東大震災後の昭和二年にできました。汐見小学校は白井遠平という人の屋敷の跡です。いわゆる鉄筋コンクリート造の復興小学校でスチーム暖房が自慢でした。

昔は尋常小学校だけが義務教育で、その上の高等小学校に行けるのは運のいい人だけでした。さらに中学に行くのはクラスに一人くらいだと、明治三十四年生まれの古在由重先生に直《じか》に伺いました。さらに数少ない人だけに一高から東京帝国大学への道が拓けました。それが「末は博士か大臣か」という出世コースでした。こんなコースは庶民にはほとんど関係がありません。文林中学、文京八中などができたのはおよそ後のことです。

日本医科大学と東洋大学

千駄木一丁目一番地には日本医科大学があります。これは明治九年、長谷川泰が作った最古の私立医学校、済生学舎がなくなった時に、千駄木にあった日本医学校を再興して受け継いだものです。最初は小さな学校でしたが、今では大きくなって、拡張を続けています。夏目漱石の旧居跡で、『吾輩は猫である』を執筆した「猫の家」も日本医科大学の同窓会館になりました。

また、白山には東洋大学がありますが、これは幽霊の研究でも有名な井上円了が明治の早い時期に湯島の麟祥院で開いた学校「哲学館」が元になっています。井上の弟子の棚橋一郎が中等教育のために開いたのが郁文館と京北中学です。また同じく井上円了の弟子の磯江潤が開いたのが京華中学です。郁文館は漱石の家の真裏にあり、しょっちゅう野球のボールを庭に入れては取りに来る「落雲館中学」として『吾輩は猫である』に登場します。京華と京北は今も白山周辺にありますが、戦前は一高合格率の高い私立中学でした。

日暮里駅できる

明治三十七年二月から三十八年九月にかけて日露戦争が起きましたが、この三十八年に日暮里駅が高崎線の駅として開通しています。

大正三年（一九一四）には、阿部次郎が『三太郎の日記』を「谷中の寓居」で書きました。これは日暮里駅裏の幸田露伴が暮らした家と同じあたりです。この本は今読むとちょっと難しすぎますが、大正の教養ある青年たちの間でベストセラーになりました。のちに阿部次郎は東北大学の教授になりました。

藍染川を利用した工場群

さてその頃、根津はどうだったでしょうか。

明治三十年代の根津は遊郭が弾け一時閑散としたあと、藍染川沿いに水を活用する町工場などができていきました。もう少し遡ると、明治六年のウィーンの万国博に玉磨き職人朝倉松五郎が腕前を披露に行った際、代わりに西洋式のレンズ製造法を習ってきました。それを受け継いだのが根津の高林レンズ工場です。弥生坂の近くにありました。その当時の根津は空気も良く、水も得られるし、納品先は近くの東大なので、地の利もありました。

子供の頃に感じていた「ドブの水が赤いのはなぜか」という謎を根津郷土史研究会の小瀬健資さんが追究して、根津にあったレンズ工場の実在が確かめられました。それはレンズを磨くべんがらの色だったのです。

他にも藍染川沿いに瀬戸シート店、これは人力車の幌などを作る仕事で、この家の息子であった斎藤佐次郎は大正になると「赤い鳥」の向こうを張って「金の船」(のち「金の星」)という児童雑誌を出しました。斎藤は根津に「曙ハウス」という文化アパートや、動坂にも同じようなものを建てたと言われています。金の星社は現在も台東区内にあります。

今もある丁子屋染物店も川を使った商売ですし、のぼり旗や法被《はっぴ》を作る中小路染物店も千駄木の川沿いにありました。あんこ業界で大きなシェアを誇った根津製餡所も藍染川沿いにありましたが、今は台東区の特別養護老人ホームになっています。

その先の道灌山近くにも大日本製薬、東京製氷などの工場がありました。これらは戦後の高度成長の頃までに郊外に移転してしまいます。地域雑誌を始めてからも、げんこつ印の金物工場など、たくさんの町工場の閉鎖・移転に立ち会いました。

根津の娯楽

もともと根津は貧しい庶民がひしめく谷底の町で、芸人から拝み屋、博打打ちなどもいたということです。工場のほかに質屋と銭湯は多かったようですが、今は一つもありません。宮の湯が消え、サイタ質店もなくなりました。

根津教会の現在の建物は大正八年にできています。この建物は空色の下見張りですが、屋根は日本瓦で、国の登録有形

根津の斎藤佐次郎が建てた文化アパート曙ハウスも今はない

文化財になっています。そこから根津神社に沿うS字坂を上ったところには日本聖公会の聖テモテ教会もありますが、これは森鷗外『青年』に「できたばかりの教会」とあることからも分かるように、明治四十年ごろできたようです。ほかにも根津神社に近い金光教の教会は割と早くにできています。

藍染大通りに藍染座という芝居小屋があり、それはのちに栄座になりましたが、火事で焼けました。ほかにも、根津交差点のあたりに哥音本《かねもと》という寄席があり、弥生坂のとっつきには浪花節の菊岡亭もありました。貧しいながら根津の庶民は暮らしを楽しんでいたようです。根津は密集しているため火事が広がりやすく、明治三十年代に坂田金時堂という店から出た火事は根津中を焼きました。「味噌工場の火事」といって、焼けた時に味噌のいい匂いがしたといいます。そのため根津小学校は仮越しを余儀なくされました。

市電の開通

そして、明治三十六年には市電が上野広小路から団子坂下まで敷かれます。この時期、まだ団子坂の菊人形が開催されていましたが。それまでは上野などから人力車で見に来たものだそうですが、市電が利用できるようになりました。ただ、市電が通るとかえって買い物客が上野広小路などに行ってしまい、食料品店はともかく、呉服屋などはさびれたそうです。その頃は市電の引込み線が、坂下町（現在の千駄木三丁目）、今のNTT東日本駒込第二ビル別館のところにありました。

その後に神明町まで線路が延びた時、坂下町の市電の引込み線だったところがあいて、「新道が原」と呼ばれる子供たちの遊び場になりました。そこにサーカスなども来たようです。市電の車庫という公共用地がのちに電電公社になるという公共的な変化でしたが、その後NTTに民営化されるとビル計画が起こります。住民は電磁波や排気の騒音があると反対運動が起こりましたが、二〇一二年頃、巨大なサーバビルを建ててしまいました。

馬車鉄と人力車

明治の交通事情をちょっと振り返ってみると、明治七年、新橋―浅草雷門間に乗合馬車が開業。明治十五年、東京馬車鉄道株式会社が新橋―日本橋間に鉄道馬車を走らせました。それは鉄路の上を滑らせ、馬がひく馬車でした。樋口一葉などはこれに乗っています。

また明治二年に人力車というものが和泉要助によって発明されましたが、この人のお墓は谷中の長明寺にあります。これはリキシャと言ってインドや東南アジア各国に輸出されましたが、今は日本では観光人力車が浅草や京都で見られるだけです。私が赤坂で勤め始めた一九七七年頃は、赤坂の花柳界では芸者さんがまだ人力車に乗っており、料亭にずらりと並んでいたのを思い出します。

最初は鉄の輪なので、吉原通いの人力車はものすごい音がしたと、『樋口一葉日記』に書いてあります。のちにゴムタイヤになって、ずいぶん乗る方も引く方も楽になったと思います。「人力車夫に身を落とす」というのは、明治においては零落を示すものでした。樋口一葉の『十三夜』でもそうです。あとは歩くしかなく、明治人はよく歩いたので足が達者だったと言えなくもありません。

樋口一葉は恋する半井桃水の芝の家まで、一時間半以上はかかって歩いていっています。樋口一葉は明治五年生まれ、本郷の菊坂下に長く住み、小石川の歌塾萩の舎に通い、『たけくらべ』『にごりえ』『大つごもり』などの名作を次々と書き、最後は丸山福山町四番地の崖下の家で、明治二十九年に二十四歳で亡くなります。彼女の日記を見ると、谷中墓地の墓参り、上野の図書館での読書、根津神社の梅見、動坂上の小笠原邸に友達を訪ねたりと谷根千地域とはかなり関係があります。

そして明治十六年に上野駅ができて、東北本線が開通しました。今は線路の数が増えて、高崎線、京浜東北線、常磐線、山手線などができています。都市圏の電車を明治のころ院線と言ったのは鉄道院が引いたからでしょう（その後、省線、国電）。これらは明治の末までには整っていきました。

そして明治三十年代になると市電が東京中に巡らされて便利になりました。不忍通りをゆくのはのちの都電二〇番線でした。自動車はまさに人間が引かなくても、ガソリンで自動で動くという命名なのでしょうが、大正の頃でも自家用車を持っているのは、華族とか、実業家くらいで、王子の渋沢栄一子爵が丸の内の会社に行く車が毎朝十一時くらいに通るというので、本郷通りの沿道の人々はその時間に表に出て見たそうです。そのくらい珍しかった。

また、あまり知られていませんが、電話より電信の方がずっと早かった。電報ですね。明治三年、東京―横浜間の電信業務がはじまっています。今でも電信柱というのはこれから来ているのでしょう。

千駄木のメエトル

森鷗外は明治二十五年から大正十一年に六十歳で亡くなるまで、ほぼ三十年の間、千駄木に住みましたので、千駄木を

上野の車坂下を走る院線の終点あたり。ここで電車の方向をくるっと回した。山崎四郎造氏提供。「谷根千同窓会」より

代表する作家と言っていいでしょう。ただ、軍医であった鷗外は日清・日露戦争に従軍して千駄木の家を空けていますし、その中間、九州の小倉に左遷されていた時代もあります。日清戦争中には陣営で、従軍記者としてきた正岡子規と文学について語り合い、子規も嬉しかったようです。日清戦争では日本は、勝って得た遼東半島などの新領土を三国干渉などで返さなければならなくなりました。そのとき、臥薪嘗胆《がしんしょうたん》という言葉が流行りました。さらに多大な犠牲を払って、日露戦争に勝ったとき、その講和条件に民衆は激昂して、市中の交番などの焼き討ちを起こしています。それは留守を守っていた鷗外の母、峰子の日記にも「団子坂下の交番も焼き打ちにされた」と出てきます。

この鷗外の不在中、二度目の妻、志げは母の峰と折り合いが悪く、長女の茉莉を連れて芝の実家に帰っていました。そして、鷗外は凱旋して家に着くや、芝まで妻を迎えにいき、ようやく志げは千駄木の家に帰ってきます。しかし折り合いは一向に良くなりませんでした。『金毘羅』『半日』などにもこうした家族関係や、千駄木の知識階級のお屋敷の生活が写し取られています。

彼はあまり徒党を組むのを好まず、弟子も作りませんでしたが、明治四十年頃から観潮楼歌会を開き、鷗外を慕う与謝野鉄幹、伊藤左千夫、佐佐木信綱、石川啄木や斎藤茂吉などが来ました。

彼の『青年』という作品は谷根千が舞台ですが、連載された『スバル』という雑誌は石川啄木や木下杢太郎が明治四十二年に出した文芸誌で、みんなは鷗外のことを「千駄木のメエトル(巨匠)」と呼んでいました。

『雁』には東大の無縁坂近くの下宿にいる岡田が、このあたりを散歩で歩き回り、無縁坂の途中に囲われているお玉さんの想いものになります。また明治末の大逆事件にあたっては、鷗外は弁護人だった平出修に社会主義やアナキズムについて教え、また自ら明治国家の官僚でありながら『沈黙の塔』『食堂』などに暗に政府批判を潜ませています。

夏目漱石が千駄木町五十七番地に越す

明治三十六年三月三日の雛の節句には、イギリス留学から帰った夏目漱石が東京大学と一高で教えるため、千駄木町五十七番地、奇しくも十年以上前に森鷗外が住んだ家を借りて住みます。ここで漱石は「学校は嫌だ」「小説が書きたい」と言い出し、『吾輩は猫である』『坊っちゃん』『草枕』『二百十日』などを書いて国民的作家になります。『吾輩は猫である』には、千駄木町の知識階級向きの高級貸家の周りの様子が事細かに書かれています。

太田が原の中にあった池のほとりに捨てられた猫が坂をよろよろ上がって目の前の中学教師珍野苦沙弥の家にとびこむ。そこには三人の娘がいて……と夏目家にそっくりです。

近くには大金持ちの金田という一家がいて、苦沙弥先生の若い友人、将来が嘱望される物理学者水島寒月と娘を見合いさせようとする。金田夫人はその男が自分の娘にふさわしく、後々出世するかどうかしか興味はありません。

「末は博士か大臣か」と言われるほど学士様の価値は当時高かったのですが。猫はそんな人間世界の俗っぽさや権威主義を見抜いていきます。寒月は漱石の弟子の物理学者寺田寅彦がモデルです。千駄木に実際にあった草津湯や、スパイする学生のいる下宿屋、しょっちゅう野球の球を庭に取りに来る裏の中学生など。この近くの明治の様子がよくわかります。

そして、明治三十九年の暮れに、漱石は大家からの追い立てをくらい、西片町に越します。そして一年ほどいて牛込区の生家の近くに越しますが、大正四年になると、千駄木時代を舞台に『道草』という自伝的な小説を書いています。それは親の都合で養子に出された漱石が、手切れ金を渡して実家に復縁した後もかつての養父につきまとわれるという物語です。「世の中は片付かない」というのが漱石の述懐で、これは身につまされる言葉です。

付け加えれば、漱石が住んだ西片の家には碑が立っていますが、その家にのちに、漱石ファンだった魯迅が弟の周作人と住んだことも書いてあります。

「パンの会」「方寸」の人々

明治も終わり近くなると、自然主義から耽美派と呼ばれる人々が生まれます。木下杢太郎、吉井勇、北原白秋の三人はもともと与謝野鉄幹の「新詩社」の詩人たちですが、鉄幹と決裂してしまいます。彼らと永井荷風らは東京の日本橋や浅草の水辺の景色をセーヌ川のようだと愛し、そこで痛飲する「パンの会」を明治四十一年頃、開きました。ギリシャの牧羊神にちなんだ名をつけ、エキゾティシズムとデカダンスが彼らの求めるものでした。「パンの会」の人たちは一方で団子坂上にいた森鷗外を尊敬していました。もともとは森鷗外の不朽の名訳、アンデルセンの『即興詩人』（明治三十五年刊行）を読み、与謝野鉄幹が木下杢太郎、吉井勇、北原白秋、平野万里を連れていった明治四十年の「五足の靴」の九州旅行が「パンの会」の設立のきっかけだと思います。彼らは『即興詩人』に現れるヨーロッパ世界、キリスト教のカソリック世界の匂いを嗅ぎたいと、長崎や天草を回ったものでした。しかし旅は友情の墓場だったのでしょうか。鉄幹と決別した若き詩人たちは、のちに森鷗外を後ろ盾に『スバル』を出します。

九州旅行から帰って、新詩社を脱退した若者たちは、東京の水辺でデカダンな日々を送ります。美酒、玻璃の盃、国技館の丸屋根、夕鳥の影を彼らは求めました。石川啄木もその中心メンバーでした。啄木は本郷に住み、小石川で肺結核のため二十七歳の短い命を閉じます。

「パンの会」には美術家も多くきていましたが、彼らは別に『方寸』という版画雑誌を出しました。ここに集まった石井柏亭、山本鼎、森田恒友は動坂や田端に住んでいます。石井柏亭の父はもともと大蔵省の造幣局でお札の模様を描いていた画家だそうです。その息子の石井柏亭は画家に、鶴三は彫刻家・画家になりました。石井柏亭は大正年間には、日暮里渡辺町に住み、ひぐらし幼稚園の園長を務めることになります。

千駄木で『青鞜』創刊

明治四十四年に、今度は駒込千駄木林町八番地で、『青鞜』が創刊されます。これは日本初の女性による女性のための雑誌でした。主宰した平塚らいてうは会計検査院次長の令嬢で、女子高等師範学校付属高等女学校（通称お茶の水高女）から、その時できたばかりの日本女子大学に学びました。普通なら卒業すればすぐ見合い結婚をするような階層ですが、その後も結婚せず、英語や禅を研究していました。そして夏目漱石の弟子の森田草平と雪の塩原心中未遂事件を起こしてスキャンダルとなり、一時は信州松本に保養します。しかし二十五歳の時、不死鳥のように蘇って『青鞜』を世に問うたのでした。人の言うことは全く気にしない、内面の充実にしか興味がない、というのが彼女の麗質です。

彼女自身は駒込曙町の屋敷に住んでいましたが、駒込千駄木林町八番地にあった仲間の物集和子《もずめ》の家を事務所に借りました。こう書くと間違っていると言ってくる人がいるのですが、明治二年から四十四年までは駒込千駄木林町と称しておりました。物集は『広文庫』という百科事典のようなものを編纂していた国文学者、物集高見の娘でした。

最初『青鞜』は女子のひそめる天才を表すという文芸誌だったのですが、今の女性の置かれた立場はおかしい、ということが同人の間で話し合われ、ノルウェイの劇作家イプセンの『人形の家』について論評するうち、だんだん女性解放雑誌になっていきます。

因習打破というのが彼女たちのスローガンでした。そのために男子には許されて女子には許されなかったことを彼女たちはあえてします。お酒を飲み、タバコを吸い、女たちで集まって宴会をしたり、マントを着て下駄で歩き、吉原に行って遊女に話を聞いたりしています。このすべてが当時としては横紙破りでスキャンダルになりました。不倫や貞操について書かれた小説は公序良俗を侵すとしてこの雑誌は何度も発禁になります。そのため、物集家から事務所を置くことを断られて、事務所は駒込蓬莱町萬年山勝林寺に、さらに巣鴨に移りました。

主宰者らいてうの明晰な頭脳と美貌と、何事にもめげない強さがこの雑誌の魅力でもあるのですが、彼女は年下の収入もない画家と恋をして、これが「若い燕」と呼ばれて今に残る言葉になっています。また事務所は、人生に悩む多くの若い女性たちのシェルターともなりました。しかし内面の完成を求め、事務が嫌いな彼女は『青鞜』の編集に疲れ、恋人と自然の中に旅をしたいと赤城や伊豆、御宿に逃げ出してしまいます。そして後を二十歳そこそこの伊藤野枝に譲ります。そして大正五年、今度は伊藤野枝が辻潤からアナキスト大杉栄に走り、この雑誌は終焉を迎えます。

『青鞜』は女性解放雑誌として有名ですが、広告を見ると、千駄木周辺の団子坂の「菊そば」「牧田牧場の牛乳」「丸善インキ」などの広告を取っており、地域の匂いがプンプンします。

建築史家藤島亥治郎さん

千駄木や弥生町の古い方にお話を伺うと、子供の頃は根津に降りちゃダメと言われたそうです。根津に遊郭があった記憶は消えず、悪所というイメージが付きまとったのでしょう。遊郭が引けた後も、女性を二階に置いた曖昧宿などがあったという話も聞きます。

藤島亥治郎先生という建築史の先生にお会いしたことがありました。明治三十二年（一八九九）生まれで、私が生まれた時にすでに東大名誉教授でした。祖師谷のお宅をお訪ねし、根津で雑誌を出しているというととても懐かしがってその後、何度か根津までお運びくださいました。藤島さんのお父さんは旅の絵師で、留守がちだったので、お母さんと藍染川沿いの家に住んでいたそうです。

「その頃、元遊郭らしい家はいっぱいあった。みんな山手の小学校に行ったもんだが、僕は根津小学校を出たことを誇りに持っている」ということでした。足掛け三世紀生きたいという藤島さんは、確かに三世紀生きて二〇〇二年に百三歳で亡くなりました。私より五十五歳も年上の方でした。

新内師匠岡本文弥さん

新内語りの四代目岡本文弥《ぶんや》さんはもっと年長で、明治二十八年（一八九五）の生まれでした。私より五十九歳年上ということになりますが、楽しい方でした。生まれたのは谷中上三崎南町で、お母さんも新内語り、お父さんは建築請負師でこれまた留守がちな家庭でした。京華中学から早稲田に入ったものの、すぐにやめて、児童雑誌『おとぎの世界』の編集者となり、アナキストたちと交流、いつの間にか、母と一緒に下谷の花柳界で二丁三味線で新内を流していました。

根津にも住んだことがあり、「朝起きてみると、街が洪水で水浸しになっており、パン、パン、と売りに来る人がいた」とも聞いたことがあります。戦後、谷中三崎南町の路地の中の小さな家に住んでいましたが、本当に多くのことを教わりました。新内の世界でも三百近い新作を作っています。「ふるアメリカ」「行倒れ淀君」から「ぶんやアリラン」まで、すべて不幸な女性たちへの思いが溢れる本当のフェミニストでした。歌を詠み、俳句も作る洒脱な方で、身辺整理を始め、大事なものは一番必要な人にあげて亡くなりました。

藍染川と洪水

谷根千の町の中を流れた藍染川沿いは低地なので、須藤公園の池、太田が原の池、その下の藪下の池、根津神社の池などから川へ水が注ぎ込んでいました。今の藍染保育園のところがバンズイの池といって、大きな金魚屋になっていました。ここで幸田露伴が釣りをしたというのが書簡に残っています。洪水になるとこの池が溢れ、金魚が街に溢れ出し、親が洪水でてんやわんやなのに、子供たちは大はしゃぎで金魚すくいに興じました。

今もまた全国では洪水で流される家が後を絶ちませんが、根津あたりもかつて大変に水がよく出るところでした。明治四十三年の夏の台風はみんなが覚えていました。その時、上野の台地に立つと、荒川方面の田畑は大海になっていたそうです。これで荒川沿いの工場も壊滅的被害を受けましたので、荒川放水路が作られました。これを開いた責任者は青山士《あきら》という技術者です。荒川放水路完成記念碑は森鷗外の撰文によるものです。

そして藍染川は関東大震災後に暗渠にされたようです。藍染川以外にも、根津にはたくさんのドブ、細流がありました。善光寺坂も弥生坂も今は暗渠になっていますが、細い流れが坂に沿ってありました。それもすぐに溢れます。また町ではみんな総出でドブさらいをしました。ドブのせいで、蚊が発生したり、ハエが出たり、衛生的にも問題が多かったのが暗渠化された理由かもしれません。

昭和三十四年の伊勢湾台風の時、私の家では床上浸水しました。いろいろなことがあって、現在、下水は反対向きにポンプアップされて、道灌山下のところで西日暮里方面に曲がり、三河島の浄水場に運ばれています。管を太くしたことで水が浸水することは少なくなりました。

リボン工場

しかし、水が得られるのは、産業には欠かせません。この前までよみせ通りに特異な景観を誇っていた「リボン工場」の鋸屋根。これは明治にこのあたりの大地主でもあった渡辺財閥の四男四郎が始めた日本初の国産リボン工場でした。戦前は紳士たるものは帽子をかぶるのが当たり前でしたので、それに巻くリボンを製造、もちろん少女たちの髪や胸を飾るリボンも作っており、その染める色によって、川の水は色が

藍染川は下流で一部不忍池に流れこみ、一部は不忍池をぐるりめぐって三味線堀へと流れていく。山崎四郎造氏提供。「谷根千同窓会」より

違いました。

このリボン工場が解体されることになりました。「谷根千工房」の山崎範子を中心に、地域の仲間たちがこのリボン工場の保存を訴え、そこがマンションになることが決まった時には、手外しで、工場の一棟分のリボンを澁澤倉庫さんのご厚意で預かってもらいました。さらに元の地主から、リボンに関する書籍や資料をいただきました。これがなんと、渡辺四郎が明治時代、欧州にリボン製造のために旅をした時に購入した大変珍しい見本帳でした。それには製造された土地や年代も書き込まれてはいないので、研究するのは大変ですが、日本の服飾史にはとても貴重な資料だと思います。

渡辺四郎は岩崎弥太郎の甥岩崎輝弥とともに、鉄道写真の先駆者としても知られ、コレクションは鉄道博物館にあります。しかし四十代の最初に亡くなりました。発掘されたリボンを研究する地元の人々は協力して論文も書き、展覧会も何度か行って、たくさんの人が見にこられました。この資料は一括して東京家政学院大学に保管されることが決まりました。

根津の芝居と寄席

根津は人家が密集したところで、家が櫛の歯のように軒を並べていることから「櫛比《しっぴ》」

という表現を使いたくなります。横丁、路地、猫、下見張りに瓦の家々、これらもバブルの頃、横丁沿いにまで三階建てくらいのマンションが建ってずいぶん変わりました。

今は言問通りが本郷の方から浅草まで延びていますが、当時、弥生坂はなく、降り口から一度曲がらないと根津の通りに出られなかったといいます。反対側の善光寺坂も、坂上に信州の善光寺の別院があったからという理由で名付けられ、そこで行き止まりとなり、今の鶯谷に降りる寛永寺坂はありませんでした。

根津小学校

根津小学校の創立は明治三十年で、ほぼ谷中小学校と同時期です。あっという間に生徒数が二千人になり、二部制になったので、昭和になると千駄木小学校との間に、新しく汐見小学校が作られました。この崖側に建てられた小学校は当時としては最新式鉄筋コンクリートで、だるまストーブではなく、スチームが通っていました。

さて根津には七ヵ町町会があります。八重垣町、藍染町、宮永町、片町、清水町、須賀町、西須賀町。八重垣町は根津神社の祭神である素戔嗚尊《スサノオノミコト》の故事、「八雲立つ出雲八重垣、妻籠に……」から取られ、須賀町もこれまた「我が心すがすがし」という素戔嗚尊の言葉から取られているのです。

3

大正時代の谷根千

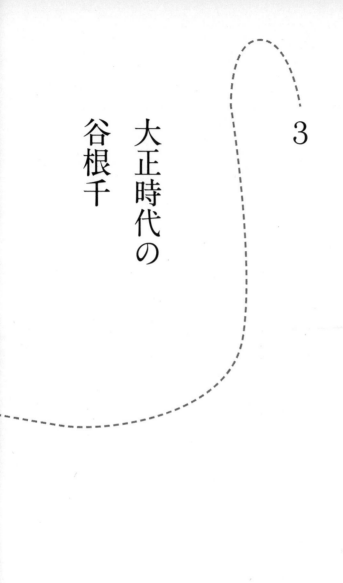

日暮里渡辺町の開発

さて、近代のわが町で最も大きな地主だったのは渡辺財閥です。渡辺家というのは江戸の頃から魚河岸で明石屋治右衛門と称して蓄財し、その後、東京中の土地を買い占めて、本郷や下谷に多く土地を持ち、第五番目の地主になった。その土地の上を通らなければ何もできないので、九代目治右衛門（一八四八〜一九〇九）は東京馬車鉄道、東京瓦斯、東京乗合自動車はじめ多くの企業の重役をつとめ、その亡きあとは息子たちが数十の企業の重役を一族で務めていました。

第十代渡辺治右衛門の本宅は、音羽の田中光顕の屋敷あとでしたが、その十代目の母の婦《ふ》んという人の隠居屋敷が谷中真島町の高台にあったといいます。娘見尾の婿である渡辺六蔵は切れ者で、主に東京渡辺銀行・あかぢ貯蓄銀行の専務を務め、屋敷は今の大名時計博物館のところでした。その両方の屋敷まで車で上がるために、藍染大通りは、当時としては格段に広い道路となっています。

一族では、三男の勝三郎という人が東京瓦斯社長のやり手で美男でした。この人は芝の西久保町に大きな屋敷を持っていたそうですが、森鷗外の二番目の妻、美人で有名な志げと結婚していた時期があります。勝太郎は遊芸が好きで、女性関係も派手でした。その破婚に至った経緯を、鷗外は妻に小説『波瀾』に書かせています。四郎は先に見たリボン工場を経営しました。

六郎はエベネザー・ハワードの『明日の田園都市』という本に感化され、大正五年に日暮里渡辺町を開発します。元は秋田藩主佐竹義宣の藩邸「衆楽園」二万坪だったところで、現在の西日暮里駅の近くの開成学園を含む一角ですが、電線を地下埋設した理想郷で、野上弥生子夫妻、建畠大夢《たてはたたいむ》、石井柏亭などが暮らしていました。六郎はパトロンとして多くの画家の洋行の費用を出しています。その一人、石井柏亭はこのニュータウンに作られたひぐらし幼稚園を経営しました。

この渡辺財閥は片岡蔵相の国会での失言から昭和二年の恐慌の引き金となり、谷根千近辺の人々は渡辺銀行に貯蓄していたので、貯蓄を失い、精神を病んだり、自殺したりした人もいると聞いています。あかぢ貯蓄銀行というのも経営していましたが、「赤字銀行」と呼ばれるようになり、真島町の屋敷は「赤字山」、そこから下りてきた橋には「赤字橋」などと書かれることになりました。渡辺家所有の土地は多くは根津嘉一郎の「日本殖産」に引き継がれています。たまたま根津の地名と同じなので、今度は「根津山」などと呼ばれるようになりました。

田端のアーティストたち

日暮里渡辺町も「郊外住宅地」でしたが、もっと静かなのは農村だった田端でした。これについては私の伯母に当たる近藤富枝がすでに四十年ほど前に『田端文士村』を描いています。現在、田端文士村記念館があることもあって、この本は今も版を重ねています。それによると、田端は大根や人参で有名な農村で、浅嘉家というのが大地主です。分家筋では浅香という名前のところもあります。また明治三十年代になると鉄道の引込み線などができ、鉄道の官舎も多くありました。

そこにアーティストたちが集まるようになりました。最初に越したのが明治三十三年ごろ、小杉未醒《みせい》(放庵)です。小杉は最初洋画家でしたが、のちに日本画家になりました。絵描きたちはより広いアトリエを求めて、桜木町から谷中、日暮里、田端へと越したようです。小杉家にはのちに詩人で画家の村山槐多《かいた》が下宿します。

また金沢で教えていた陶芸家の板谷波山が越してきました。彼は金沢にいた頃は勤川《ごんぎょう》にちなんで勤川という号でしたが、筑波山の見える田端に窯を築き、波山と号を変えました。その作品は高く評価され、二点も重要文化財に指定されています。

彼を慕って吉田三郎が、室生犀星が、尾山篤二郎が、中野重治が、というように芋づる式に金沢ゆかりの人々が住んでいきます。

芥川龍之介

そして芥川龍之介の養父も大正時代、ここに居を構えます。芥川の実父は牛乳販売の耕牧舎の支配人新原敏三ですが、龍之介は母親フクが精神を病んだため、伯母儔《とも》の嫁いだ芥川家の養子になります。そして同居していたもう一人の未婚の伯母フキに育てられます。しかし母のように精神を病むのではないかという不安は芥川に一生つきまといました。

芥川は下町の子で、本所の小学校から府立三中、今の両国高校を出ました。その後東大の英文科に進んだ芥川は「ヤング・モリス」を卒論に仕上げて、小説を書き出し、「新思潮」の同人として早くから注目されます。漱石も彼を励ましました。一方で彼の下町への郷愁は薄れず、〈汝《な》と住むべくは下町の 水どろは青き溝づたい 汝が洗い場の往き来には 昼もなきづる蚊を聞かむ〉と詩に歌っています。

芥川は親友山本喜誉司《きよし》の姪、文《ふみ》を妻にして、三人の男子も生まれます。ところが、養父母、伯母もいる七人家族の家長として、芥川は神経過敏でした。

三十そこそこで人気作家となった芥川は、当時の『中央公論』『改造』などに寄稿し、田端には彼を慕う人々が集まってきました。七人の家族を一日二枚の原稿で養える、と自負していましたが、芥川は小市民的な田端の家に飽き足らず、家庭は妻に任せて、遊び歩き、多くの女性と付き合います。しかし、精神を病む不安、上海でうつされたかもしれない性病の不安、多作による疲労と限界、いろんなことが重なっていきます。

大正ロマンとデモクラシー

いわゆる大正デモクラシーというのは、大正元〜二年の第一次護憲運動に始まると言われています。桂太郎と西園寺公望《さいおんじきんもち》の桂園内閣時代が終わり、憲法を改悪しようとする動きに対し、憲政の神様と言われた尾崎行雄らが抵抗したものです。そのあと、吉野作造が当時の一流誌『中央公論』に「憲政の本義を説いて其の有終の美を済すの途を論ず」という長い題名の論文を書いて、政府の横暴にデモクラシーで対抗しようとした。しかし言論だけでなく、その頃までに労働組合、水平社、婦人運動、自由主義教育なども意気高くなり、その素地ができていました。しかし最近の研究では、大正デモクラシーというほどの実態はなく、この呼称は不正確だという意見もあります。

ちなみに吉野がこの論文を書いたのは、本郷追分町（いまの向丘）の東京大学ＹＭＣＡ会館です。東北、古川の出身で秀才の誉れ高かった吉野は、若くして東京大学法学部の教授となり、クリスチャンでもあって、東京大学基督教学生会を根城に、セツルメント、無料福祉医療、そして生協運動まで展開します。彼の住まいは駒込神明町にあり、その後には吉野の弟子であった政治学者堀豊彦が住みました。吉野の娘の一人は建築家土浦亀城《かめき》に、一人は政治家赤松克麿に嫁いでいます。

同じ頃、都市の文化が花開き、都市有閑層の中には「今日は帝劇、明日は三越」と観劇や買い物に時間を潰す人々も出てきました。日本橋の三越は百貨店であるだけでなく階上に「三越劇場」を持っており、今もあります。「銀座をブラブラ歩く」ことが「銀ぶら」として盛んになります。

銀座と対極的な庶民の町、浅草六区では浅草オペラが一世を風靡し、「恋はやさし野辺の花よ」が流行します。そのスターだった田谷力三さんが昭和五十年代、不忍池のコンサートでこの歌を蝶ネクタイ姿で歌ったのを覚えています。

経済的な余裕を持つ都市の中に、さまざまな娯楽や余暇を楽しむ施設ができていった、それを「大正モダニズム」と呼ぶことがあります。またこの時期、安土桃山ではありませんが、明治の質素倹約な色合いではなく、生きることを謳歌するような、明るい色彩や派手な模様の着物も人気を得て、これを古着物業界では「大正ロマン」と呼ぶようです。

高村光太郎

女性解放の雑誌『青鞜』が創刊されたのは駒込千駄木林町の八番地、そこは物集邸でしたが、のちに駒込電話局になりました。それだけまとまりのある大きな敷地だったのです。電電公社がＮＴＴに民営化され、今は分譲マンションになってしまいましたが、まだ『青鞜』創刊の碑は立っています。

駒込千駄木町側については、森鷗外、夏目漱石がいたことを述べましたが、駒込林町側にもそれに劣らず、たくさんの文化人がいました。

例えば『青鞜』創刊号の表紙を描いた長沼智恵子と大正三年に結婚した高村光太郎は、駒込林町にアトリエを建てて住みました。彼は下谷生まれの谷中育ち、第一日暮里小学校の卒業で、校門近くには高村光太郎直筆による「正直親切」の碑が立っています。

根津の下宿の三畳間にいた室生犀星は、千駄木の高台の高村のアトリエを見にいき、格差を感じ取ったそうです。室生犀星は金沢の寺に私生児として生れています。光太郎は父、光雲が美術学校の教授であったため、アメリカやフランスにも留学して新知識を得、翻訳や詩作、絵画や彫刻など好きな道を歩むことができました。そして父からもらった二千円という資金で、このアトリエを建てたのです。

光太郎が帰国後に書いた「緑色の太陽」という評論は当時の美術界を揺さぶりました。西洋絵画を輸入して、どうにか模倣していた人々にとって、新帰朝者の光太郎が「太陽は緑色に描いたっていいんだ」と宣言することは衝撃でした。大正時代には、光太郎は若い芸術家たちの精神的軸になり、村山槐多も訪ねてくるし、草野心平、岡本潤、壺井繁治なども光太郎を訪ねます。

しかし暮らしはそう豊かではありませんでした。妻の智恵子は自らも芸術家でありながら、光太郎との関係で自己を表現できなくなっていったこと、福島の造り酒屋であった実家の破産などから心を病み、昭和に入ると入院して昭和十三年に品川のゼームス坂病院で亡くなります。光太郎はこれを詩集『智恵子抄』に昇華しました。智恵子が病床で作っていた切り絵は評価が高く、今でもときどき展覧会が行われています。

光太郎は長男でしたが、芸術家としての自由を重んじ、智恵子も長男の嫁の役をしなかったので、高村家は豊周《とよちか》が継ぐことになりました。この人も美術学校で学んだ鋳金家で、美術学校教授になります。

駒込林町の高村幸太郎、智恵子が住んだアトリエ。西原金二郎氏提供。「谷根千同窓会」より

宮本百合子

明治三十二年に小石川区原町で生まれた中條百合子は宮本顕治と再婚したために宮本姓になったのですが、中條精一郎という明治屈指の建築家の娘です。その屋敷は駒込千駄木林町二十一番地にありました。現在も小豆色の門が残っており、屋敷跡は分割されています。駒本小学校、誠之小学校、女高師付属から日本女子大に進みますが、父についてアメリカへ行き、コロンビア大学で学びました。現地で言語学者の荒木茂と結婚して、帰国後は駒込片町十番地、ついで動坂町三百六十八番地に暮らしますが、この結婚は百合子の方の強い愛情で始まったのに、彼女は小市民的な家庭に束縛を感じ、終わりを告げます。このあたりのことが『伸子』や『二つの庭』などに描かれています。

独身に戻った百合子は湯浅芳子との同性愛的な関係に入り、芸術家二人で気ままな暮らしを続けます。一九二七年、革命から十年経ったソヴィエトを見に、シベリア鉄道で旅立ちます。さらにヨーロッパを見学、モスクワから日本に帰ります。その後は社会主義を目指す運動にくわわる中で、年下の文芸評論家、宮本顕治と知り合い再婚。夫が治安維持法

駒込林町の宮本百合子邸の門が今も残る

下でとらわれると獄中の夫を励まし、その間の書簡は『十二年の手紙』にまとめられました。面会に行くもんぺ姿の百合子、お風呂が沸くと近所の人たちに振る舞った百合子の明るい姿を覚えている人は地域に多くいました。

敗戦の中で、戦時中屈しないで反戦を主張した共産党の人気は高まり、宮本百合子は「歌声よ、おこれ」と呼びかけ、その象徴的な存在でもありました。

自分も監獄にとらわれ、その時に熱中症になり、戦後も体調がすぐれず、五十一歳で死去、林町の自宅で葬式が行われています。夫の宮本顕治氏も林町に住んでいたので、『谷根千』の初期の号をお送りしたところ、お礼のハガキに「懐かしい土地です」と自筆で書いてありました。

中條家の裏が高村家なのですが、戦時中、共産党のシンパであった宮本百合子を見張るために、公安警察が高村家の二階を貸してくれときたことがあったそうです。豊周先生はガンとして断ったそうです。戦後もずっと宮本百合子の家の前に交番がありました。それは百合子を見張るためだと土地では言い伝えられています。

林町の住人たち

この林町が住宅街になったのは、もちろん明治以降です。しかも明治二年から明治四十四年までは駒込千駄木林町という名前でした。明治になってからもこのあたりには植木屋が多く、高橋、高尾、倉石、伊澤、石幡といった植木屋が多く土地を持っていました。彼らは地主として借地経営に乗り出し、例えば蔵石家の地内には彫刻家の後藤貞行、詩人・彫刻家の高村光太郎、小説家の村松梢風《しょうふう》、洋画家の難波田《なんばた》龍起が住んでいました。

爵位のある人々では、大給《おぎゅう》家、藤堂家、真田《さなだ》家などがありました。いろいろ調べてみると、大名家でも良い家令、あるいは執事のいた家は存続するのですが、無能な家令、あるいは主家のものをちょろまかして私腹を肥やすようなずる賢い家令がいたところは没落していきます。例えば津和野の亀井家の屋敷は小石川、今の千石のあたりにありましたが、顧問に森鷗外を迎えています。そんな風に、旧藩出身の学識経験者に間違いのないようにいざという時は相談していたようです。林町に屋敷のあった藤堂家の場合、お姫様が千駄木小学校に入学した時にはみんなで最敬礼して迎えたそうですが、その方はのちに没落して六畳一間で焼死したと聞いています。

高風荘

中條家の隣は高風荘といって、二十年くらい前までは大蔵省や通産省などの高級官僚専用の宴会場になっており、黒塗りの車がよく止まっていました。なんでそんなものがここにあるのかというと、もともとは明治天皇の側室だった千種任子《ちぐさことこ》という人の邸だったのです。彼女は堂上華族の千種有任《ありとう》の娘で、権典侍という宮中でも高い位の女官になります。明治天皇との間に二人の女の子を生んだものの育たなかったことになっています。しかし最近では別の男子を生み、その子供は極秘裏に外で育ったのではないかと言われています。

千種任子は昭和十九年まで健在で、隣の天野さんのおばあちゃまのお話では、回覧板を持っていくと、「ちょっとお待ちくださいませ」と言われ、三十分も待たされて、正装でしずしずと出てこられたということです。明治天皇の側室としての体面を保っていたのかもしれません。それで、ここが国有地だったわけも納得できます。現在はどういうわけか民間に払い下げされたようです。

銀行通り

千駄木の往来と呼ばれる今の保健所通りは「銀行通り」と言われたほどで、団子坂を上り切った角の右側、今も古い石垣塀が残るところには岡本銀行の岡本家（今の東洋大学国際会館と文京区の汐見地域活動センター）、川崎銀行の川崎家（今の本郷保健所）、安田銀行の安田家などの屋敷がありました。他に武蔵七党の流れの東京瓦斯の久米家、越後の豪農市島家の屋敷もありました。市島家では、越後の優秀な青年たちを下宿させ、諸橋轍次《てつじ》を舎監とする市島塾を置いていました。現在は警察の公務員住宅になっています。

また山脇邸といって、お茶室睡庵を持つお屋敷がありますが、ここからは日本で最初に夫妻でドイツのバウハウスに留学した山脇道子が出ています。夫の山脇巌は建築家で、対馬の出身でしたが、山脇家の婿になり、その財力で二人は留学しました。道子は向こうで染色や織物を学び「道子手織り」というのを考案し、ブルーノ・タウトが来日時に通訳も務めています。そのへんのことは彼女の『バウハウスと茶の湯』という本に描かれています。

他に美術家では高村光雲、高村豊周、山崎朝雲、児玉希望、学者では三上参次、桑田熊蔵、音楽家では久野久、園田高弘、建築家では中條精一郎、渡辺仁、文筆家では尾崎天風、吉野秀雄、吉屋信子などが住みました。『少年ケニヤ』で一世を風靡した漫画家の山川惣治は文林中学の裏に住み、漫画家では近藤日出造もいました。

旧安田財閥の創始者・安田善次郎の女婿である安田善四郎が関東大震災後に買い取った旧安田楠雄邸、庭は東京都の名勝に指定されている。建築当初を忍ばせる応接間

また特筆すべきは大給坂のところに丸善のインキ工場があり、高村光太郎の詩にも出てきます。『青鞜』にもこの会社は、広告を出していました。牧田牧場があり、杏林舎という印刷所があり、ここで柳田國男は初期の著作を印刷しています。戦後は大給坂沿いに大平正芳が住みましたが、大給坂が狭く、車が入りにくいので、引っ越したといいます。大平さんは読書家で、大給坂を下って、谷中銀座の石段の下にある武藤書店にも下駄履きで本を買いに来たそうです。

動坂町

林町に続く、駒込動坂町にもたくさんの文化人が住んでいました。ムジナ坂の上に画家で東京美術学校教授の長原孝太郎がいて、森鷗外の娘たちも絵を習いました。「早春賦」や「故郷を離るる歌」の作詞家、臼杵出身の吉丸一昌、詩人北原白秋、作家山本有三なども一時、動坂町に住みました。ムジナ坂の上に早稲田の総長高田早苗が住んでいましたが、その家を受け継いだ谷田貝医院の先生のご好意で、私は家が狭いので、そこの書斎を貸していただき大学の卒論を書きました。その上の千駄木の往来にはフランス文学者の奥本大三郎さんが住んでおられましたが、今は「ファーブル昆虫館『虫の詩人の館』」になっています。

大正時代にできた店

大正時代には今もある日暮里の佃煮屋「中野屋」、谷中銀座の「後藤の飴」などが創業しています。根津の「はん亭」は戦後にできた串揚げ屋ですが、建物はもともと大正初期に三田平吉によって建てられた下駄の爪皮屋で、国の登録有形文化財になっています。

関東大震災

安政の大地震でも一つも倒れている家がなかったので、祖先が谷中に越したという話を聞いたことがあります。一九二三年の関東大震災ではこの地域はほとんど無傷でした。根津は根津銀座の谷中に向かって左側の一角が焼けたことが航空写真から見て取れます。その日、赤津湯という銭湯の煙突がなぜか倒れました。

震災の何日か前、修験者のような人が、町中の電柱に「近く大地震が起きるので、早く避難せよ」という張り紙を貼って歩いていたそうです。

根津は低湿地であり、地盤がいいとは言えません。震災では稲本屋という呉服屋が柱を

大正三年に建てられた根津のはん亭

抜いて広々と見場のいい店構えにしたばっかりだったのに、ぺしゃんこに潰れたと言います。その一軒だけであとは大丈夫だったそうです。

関東大震災の被害の多くは、火災によるものです。本所区では本所被服廠に家財道具を大八車に乗せて避難した人々は逃れるすべなく、四万人ともいわれる人々が亡くなりました。そこは現在、都立横綱町公園（大正震災記念公園）になっています。

震災直後、「朝鮮人が井戸に毒を入れた」という流言飛語が広まります。各町では自警団を組織し、震災後の無政府状態に対処しますが、その時田端では芥川龍之介も自警団に参加して感想を書いています。そして官憲や自警団は、朝鮮人やそうと間違えられた人々を殺害しました。その数は数百名から数千名という説まであります。

この時を狙った警察は川合義虎、平沢計七はじめ南葛労働会の人々（亀戸事件）、アナキストとして有名だった大杉栄と妻の伊藤野枝、幼い甥の橘宗一をも虐殺（甘粕事件）しました。これらのことは忘れてはいけないことだと思います。ただ、谷根千で朝鮮人虐殺があったという記録には今のところお目にかかったことはありません。しかし上野公園内で十二名が殺されたという資料があります。

なぜ谷根千は震災で焼けなかったのか

谷根千の街が焼けなかった理由の一つには、上野の森が延焼遮断帯になって下町からの火を防いだことが挙げられます。上野駅は焼けましたが、そこから山には火が移らなかったのです。また、不忍池の中継送水で本郷、湯島の岩崎邸などの火が消し止められたということです。

本郷の東京大学では応用化学実験室から火が出て、東洋一と言われる図書館も焼けました。近くに森があること、水があることはとても大事なことですね。現在、上野の森の木は路上生活者の隠れる余地を残さないため、たくさん切られてしまい、スカスカになっています。これは首都直下型地震などで上野公園が再び避難所になることを考えるとよくないと思います。

かつて根津は細いドブ川が四通八達し、坂に沿っても溝川がありました。今、藍染川も暗渠化し、私たちの町に流れる水への想像力をともすれば失いがちになりますが、雑誌を始めた頃は、よみせ通りに藍染川を復活して水辺の光景をとりもどしたいと思ったものでした。

林芙美子の『放浪記』

今も読み継がれるベストセラー『放浪記』で林芙美子は震災当時、根津の下宿に住み、根津神社に避難、野宿したと書いています。そして米二升を背負い、新宿十二社にいた両親の安否を気遣って歩いたが、両親は立ち退いた後だった。根津から新宿まで三時間くらいかかるでしょうか。その後、芙美子は灘の酒蔵会社が好意で被災者を無料で乗せてくれる船で大阪へ向かい、懐かしい尾道に行っています。

林芙美子は一九〇三年に門司で生まれ、母とその内縁の夫とともに、九州を行商、尾道に落ち着いて女学校を出ますが、因島の少年と恋をし、彼が東京の大学に入ると追っかけて出てきます。しかし男は卒業すると島に帰ってしまい、芙美子は女中、女工、女給、事務員、女記者などありとあらゆる職について一人で食べていきます。

谷根千の地域と関係あることでは、本郷の作家近松秋江の女中になったり、千駄木の堕胎専門の産婆のところに職を求めたり、田端で劇団市民座の座長、田辺若男と同棲したりしています。そして震災後、再び上京すると白山南天堂に集まる詩人たちと出会い、岡本潤、萩原恭次郎、壺井繁治、壺井栄、辻潤などと南天堂二階の喫茶室で酔いどれます。

前年の震災後に同志であった大杉栄、伊藤野枝が憲兵隊に縊り殺され、大正十三年、白山南天堂に集まったアナキスト的傾向を持つ詩人たちは自暴自棄になっていました。それは性のアナキズムに流れました。芙美子はその中で友人の友谷静栄と『二人』という詩の同人誌を出し、辻潤に「いいものを出しましたね。お続けなさい」と励まされたりします。

震災後も芙美子は家賃四円の根津（あるいは池之端茅町）の炭屋の二階に住んでいたようです。逢初橋の夜店、菊そば、谷中墓地の散歩、年の暮れの寒そうな西郷さんの銅像。都市の底に生きる女の孤独と元気が切ないです。

そして相変わらず、セルロイド工場や新聞の広告受付所で働きながら、詩の原稿を新聞社などに売り込んでいた。時には二日も何も食べなかった、と『放浪記』には出てきますが、これは実録というよりは、芙美子特有のドラマ化されており、日付も場所にもフィクションが入っていると思います。しかし、文学を目指す仲間たちに刺激を受け、その中の一人、野村吉哉と世田谷太子堂で所帯を持ったため、彼女は根津から消えていきます。

その野村が肺病病みの上に、ドメスティック・バイオレンスを振るうので、（ところも芙美子側の言い分ですが）、芙美子は仕方なく家を出て、新宿や神田のカフェで働きます。そしてこうした青春の彷徨を昭和三年に創刊された『女人藝術』に連載し、これが改造社から『放浪記』として単行本になると五十万部のベストセラーになり、一躍有名作家になっていくのです。その印税などもあって、生まれながらの旅人は満州やフランスにも行きました。そして日中戦争が始まると、陸軍の依頼で、従軍作家となって漢口一番乗りなどを競い、戦争に協力していくのです。戦後はさしたる反省もないまま、今度は戦争未亡人の悲惨さなどを描いて、読者の支持を得ました。

過労と言えるほどに原稿を書き、昭和二十八年に突然死します。四十六歳でした。

宮武外骨と北原白秋

その頃、宮武外骨は上野桜木町に住んでいました。上野公園に罹災者が二十万人も集まってくるのを見て、その隣の自分の町は無傷だったので、『震災画報』なる石版画を入れた速報雑誌を出しました。宮武は讃岐の人で、大阪でも『滑稽新聞』などの雑誌を出し、森近運平（のちに大逆事件で刑死）の『大阪平民新聞』を応援した後、東京に移りました。反骨精神はもともと強い人です。大正期には民本主義の吉野作造や尾佐竹猛《たけき》が主催した「明治文化研究会」を立ち上げ、また東京帝国大学法学部に「明治新聞雑誌文庫」ができた時には事務主任となって、資料の収集に努めました。文京区の駒込追分町で、八十八歳で亡くなりました。

大正十五年（一九二六）には北原白秋が天王寺の墓地の近く、いまの朝倉文夫の表門の隣に住みました。家はまだ残っています。その後、山田抄太郎という琴の先生が住んでいました。白秋は三番目の妻、菊子をもらってようやく家庭が収まり、この天王寺の墓地を散歩して妻と同じ人の名前を見つけたりして喜んでいます。

帝都復興

帝都復興院総裁となった後藤新平は、震災で焼野原になった東京にグランドデザインをするいいチャンスと、昭和通りを通し、隅田川の岸辺は隅田公園として緑地を確保するなどの政策を取っていきます。また鉄筋の小学校を建て、その隣には必ず緑地、公園を設けるといういわゆる復興小学校、復興公園というものがセットで作られました。現在ではこれらもかなり老朽化で壊されてきましたが、文京区の旧元町小学校と元町公園はセットで残るわずかな例です。これを文京区が廃止してビル用地にしようとして、反対の市民運動が起きました。

一方、関東大震災の直後は、普通の市民は新築を許されなかったようです。帝都復興の公共工事、土木工事が優先され、資材も労働力も不足していて、昭和四、五年にようやく店や

復興小学校の一つ汐見小学校。鉄筋コンクリート造でスチームが通っていた。汐見小昭和四年の「卒業記念写真帖」より

住居を再建したという人が多いのですが、それがまた昭和二十年の空襲で燃えてしまう。たった十五年ほどしか保たなかった建築も多かった。震災後は、今和次郎や中川紀元《きげん》、神原泰《たい》、吉田謙吉が東京で結成し「因習を離れた美しい建物」を実現するバラック装飾社というのが活躍しました。

4

昭和の谷根千

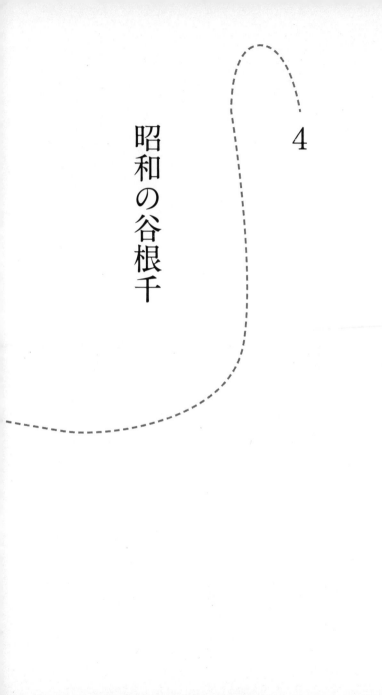

芥川龍之介の自殺

昭和二年（一九二七）七月、田端の自宅で芥川龍之介が自殺しました。もっとも売れっ子だった三十八歳の作家が「将来にあるぼんやりした不安」を感じて、薬で自殺を図りました。ぼんやりした不安とは、労働者階級の力が強くなり、自分たちのようなプチブル・インテリゲンチアには未来がないのではないか、というものだろうといわれています。一九一七年に起きたロシアの二月革命はある人々を元気付け、ある人々たちにとっては非常な恐怖でした。その頃マルクシズムの影響は強くなり、ナップ（全日本無産者芸術連盟→全日本無産者芸術団体協議会）のちにコップ（日本プロレタリア文化連盟）に引き継がれたプロレタリア文化陣営も結束し、勢いがありました。

芥川は最後まで、プロレタリア文学には同調しないで終わりました。「誰よりも民衆を愛した君は誰よりも民衆を軽蔑した君だ」というレーニンへの言葉は、さすがに芥川の鋭い感性を示しています。「人民の権力樹立」と世界中で賞賛するものが多かったソヴィエト同盟も、レーニン存命中にロマノフ王朝の皇帝、王妃、王女たち家族全員を惨殺し、またスターリンの時代になると、罪のない人たちまでが「人民の敵」というレッテルを貼られてたやすく殺されていきます。

昭和四年その芥川の文学を『『敗北』の文学」という論文で批判した宮本顕治は雑誌『改造』で一等賞を得ました。その時の次席が小林秀雄の『様々なる意匠』です。芥川は田端文士村の王子様のような存在で、いろんな人と行き来がありましたから、彼の自殺は近隣にも大きなショックを与えました。やがて昭和二十年に田端は空襲に遭い、文士芸術家村は壊滅するのです。

昭和恐慌と渡辺財閥

大正天皇が大正十五年十二月末に亡くなり、昭和元年はたった数日しかありません。昭和二年三月十四日、この年、大蔵大臣の片岡直温《なおはる》が、国会でまだ倒産していなかったにもかかわらず「ただいま、渡辺銀行が倒産いたしました」と言明したため、取り付け騒ぎが起こり、あかぢ貯蓄銀行も倒産するなど、弱小銀行の連鎖倒産を引き起こします。

藍染大通り入り口の古い建物(現在の「よし房凛」)は渡辺銀行根津支店でした。この近辺の人々は、近くにあったのが渡辺銀行だけだったので一生懸命働いて貯めたお金をここに預けていました。金融恐慌により、虎の子がパアとなった町の人は落胆し、中には発狂したり自殺したりする人もいたようです。それで「あの時はひどい目にあった」という話は今も語り伝えられています。

昔は少しお金がたまればそれを元手に中小の銀行を作る人があり、そうした中小銀行はこの昭和恐慌で、バタバタと倒れました。

そして昭和四年にはニューヨークのウォール街に始まる世界恐慌が日本を襲います。私の母の生家は日本橋矢ノ倉町で袋物問屋をしていました。大正の博覧会まではその作った筥迫《はこせこ》や琴の袋は飛ぶように売れたとのことですが、この昭和四年の恐慌に耐えきれずに倒産し、一家離散になり、三女の母は浅草の子供のない歯科医にもらわれました。そうした話はいくつも聞きました。この年の東大卒の学生の就職率は三十パーセント、これを小津安二郎は『大学は出たけれど』という映画に作りました。

東京音頭の流行

昭和八年頃になると、関東大震災の被害からようやく帝都が復興し、西条八十、中山晋平のコンビで作った「東京音頭」が一世を風靡。東京中でこの曲に合わせて踊る人々の姿が目につきました。団子坂下の空き地などでも行われたそうです。永井荷風はこうしたピュリズムを嫌う人ですから、この流行に怒っています。この曲の寿命は長く、今も夏祭りなどで、「炭坑節」とともにあちこちで踊られています。

戦争への道

昭和七年に犬養毅首相が海軍将校のテロによって殺された五・一五事件、昭和十一年の皇道派の将校により内大臣斎藤実、大蔵大臣高橋是清、教育総監渡辺錠太郎など政権幹部が殺された二・二六事件で、かえって軍部が力を持ち、戦争への道をひた走っていくことになります。

私事になりますが、私の母は白百合幼稚園の上組の時、この二・二六事件に遭っています。朝、雪が降っていて、浅草から学生の叔父に送られて九段坂まで来た時に、田安御門のところを憲兵隊が物々しく警備していたのを見たと言います。その日、幼稚園は休園となり、神田の出入りの店に留め置かれ、迎えが来るまで心細い思いをしたそうです。

また、雑誌『谷根千』(72号)への村山文彦さんの投稿「総理大臣の生還」によれば首相の岡田啓介の身代わりに妹婿の松尾伝蔵大佐が殺され、岡田首相は弔問客に紛れて脱出、本郷の寺に匿われたという秘話があります。

しかし、庶民には戦争への引き返せない道に迷い込んでいるという、その感覚がありませんでした。私はコラムニストの山本夏彦さんや女性史研究家の井手文子さんから、昭和十二年頃の湘南海岸にはパラソルがたち、水着姿の男女が海水浴を楽しんでいた、と同じことを聞いています。昭和六年の満州事変を皮切りに、日中戦争が始まり、そして長引きましたが、中国でどんなことが行われていたか知らない庶民は南京陥落にわき、国策の満蒙開拓移民に乗り出していきました。

クロヒョウ脱走事件

この頃になると、大正の末に成立した治安維持法による弾圧もあり、もはや戦争に反対する勢力は動けなくなっていました。その中でこのあたりの人々を震撼させたのは昭和十一年（一九三六）、上野動物園のクロヒョウが脱走したという話です。クロヒョウが町を駆け抜ける、クロヒョウがいつ襲ってくるかわからない、人々はその恐怖におののきました。これは十四時間ののち、上野の山の地下道にピカリと光る二つの目を見つけ、それを上手に追い立てて、見事、網をかぶせて捕まえたそうです。この時の動物園の飼育課長だった古賀忠道さんはこれで処分を受けています。この古賀さんは戦後も上野動物園の名物園長として知られた、大柄で愉快な人でした。

戦時中、上野動物園では動物たちの餌の調達が難しくなり、最後には餌をやらないで象やライオンは餓死させられました。その時の飼育係の人たちはどんなに悲しかったでしょう。そのことは『かわいそうなぞう』という本にもなっています。

一九三一年の柳条湖事件に始まる満州事変以降、中国戦線での戦争は足かけですが「十五年戦争」とよばれるくらい、長く続きました。しかし、日清・日露戦争では戦場が、朝鮮半島や日本海での海戦で、その後も日本の本土に敵は上陸しませんでしたから、日本人はまだのんびりしていました。一九三七年には第二次上海事変が起こります。

二十歳になった男子は徴兵検査が義務付けられ、合格すれば戦争に持っていかれました。私の父方の祖父は歯科医でしたが、何度も戦争に行かされ、帰ってくるたびに子供を作り、子供は父親が帰ってきても、懐かずに困ったそうです。

紀元二六〇〇年

一九三六年、ベルリンで行われたオリンピックはレニ・リーフェンシュタールの『民族の祭典』などのドキュメンタリーを見る限り、ヒトラーの宣伝に利用されたように思います。そして一九四〇年、東京でアジアで初めてのオリンピックが開かれる予定で会場計画も作られましたが、日中戦争などから返上されました。代わりに紀元二六〇〇年という神話を元とする日本民族万歳の一大ページェントが行われました。

そしてついに一九四一年十二月八日、真珠湾攻撃によって日米戦争の幕が切って落とされます。山本五十六は「一年くらいなら暴れてお目にかけます」、つまり泥沼化しないうちに早く和平交渉に持ち込んでくれと言いましたが、その山本もソロモン諸島上空で飛行機が撃墜されて戦死し、初戦は目覚ましかったものの、ミッドウェイ海戦あたりから日本はどんどん押されていきます。

資源もない国が資源を求めて大陸や南方に進出したのがそもそものきっかけでしたから、アメリカとの軍備や国力の差はみるも明らかでした。でも小さな日本が巨大な清国に勝ち、さらに大きなロシア帝国に勝利したことで、再び神風は吹くというような、根拠のない期待で戦争が続けられ、国民はいわゆる大本営発表で、軍部に都合のよい情報だけが流され、負けた事実を知らされませんでした。

学徒出陣と集団疎開

そんな中で、一九四三年十二月、学徒出陣といって、今まで勉学を保証するために徴兵を猶予されていた学生が、文科から先に戦場に向かいました。理科や医科は徴兵が遅かったので、その年は理科を受験した人も多かったようです。そして一九四四年には都会にいる学童を田舎に疎開させることになりました。

これも児童の安全を考えてのことではなく、戦争を続けるための「戦力の保持」が目的でした。下谷区は福島に、本郷区は栃木にというように、各区ごとに避難県が決められ、学校の先生が付き添って、小学校三年生以上の子供たちは疎開に旅立ちました。行った先の寺などに分宿しましたが、食べ物もろくになく、栄養失調や感染症で亡くなった子供もいました。

　また、東京に出てきて働いていた両親の故郷などを頼って、小さな子供や母親は縁故疎開をしました。空襲による延焼を防ぐために建物疎開ということが行われ、壊さなくてもいい建物がかなり壊されました。谷中の柏湯もこの時に壊されたそうです。

三月四日の空襲

　下町の大空襲は一九四五年三月十日未明の空襲ですが、わが町を襲ったのは、三月四日午前八時四十分ごろの空襲です。この時は焼夷弾よりも爆弾を多く落としたようで、被害は甚大でした。一九八四年に地域雑誌『谷根千』を始めた頃は敗戦から四十年近く経っていましたが、それでもまだ空襲は住民のトラウマになっていました。「戦争の時のことはそもそも思い出したくない」「話させないでくれ」という人が

一九四五年三月四日の空襲で被災した町

多かったのです。そんなこともあって「わが町の空襲」を特集できたのは、なんと、戦後六十年目の80号でした。そのころになると人々の気持ちが変わり、「黙ったまま空の上まで持っていけない」「今のうちに話しておかなければ」という思いに変わっていったようなのです。

街にはいろんな戦争の体験の仕方がありました。兵隊に取られてその時は地域にいなかった人、疎開していた人、女性でもシンガポールで大企業の事務職だった人もいました。満州や台湾に渡っていた人も。かと思うと、憲兵だった人、学生だった人、地域の町会長や消防団に属していた人、隣組の班長をしていた人もいました。若い男の多くは兵隊に取られていたので、町には中年老年の男性と、勤労動員された若い女性、夫を戦争に取られた若妻、子供を抱えた主婦、老人たちが残されていました。

そこではいろんなことが起き、夫を戦場に取られた若妻が心細さから、妻子を疎開させた地域の中年男性と割りない仲になってしまったという話も聞いたことがあります。これに似た小説が高井有一の『この国の空』です。二〇一五年に長谷川博己の主演で映画化されました。

坂下平和地蔵尊と三四真地蔵尊

千駄木三丁目には平和地蔵があります。ここにあった鹿島湯の燃料倉庫を防空壕として入った人々が三月四日の直撃弾によって一挙に二十三人亡くなったことを慰霊するものです。戦後そこに平和荘というアパートが建てられ、そこの住民を中心に毎年慰霊祭が行われてきました。これもバブルのころ、地上げ屋に壊されそうになりましたが、私たちは「平和地蔵を守れ」のキャンペーンを行い、今も守られています。

しかしその反対側の大給坂の崖下にあった防空壕にいた四十人以上が、崖の上の貯水槽が直撃弾を受けて崖が崩壊し、生き埋めになって死んだことは、何も記録や慰霊碑がないので知られていません。他にも三四真地蔵には同日の空襲で谷中地区で亡くなった七十余名の霊を慰めると書いてあります。三崎町、初音町四丁目、真島町の有志が建てたもので、谷中五丁目の公園の片隅に祀られています。

その時、疎開していた谷中小学校の六年生が多く、疎開先から帰ってきていました。というのは中学受験のためです。

千駄木三丁目の平和地蔵

そしてその児童がかなりの数亡くなりました。例えば先に述べたリボン工場にも爆弾が落ち、そのあたりの民家に被害がありました。三崎坂の途中にも、谷中墓地の門前の茶屋の前にも爆弾が落ちました。防空壕は町のあちらこちらにありましたが、不忍通りなどの低地では掘っても水が湧くだけで入れるものではなかったとも言います。

言問通りの玉林寺や三崎町の近藤邸の崖に掘られた大きな防空壕はたくさんの人を救いました。千駄木安田邸の防空壕も公開されることがあります。また防空壕に家族が入り、女中さんが入れてもらえなかったところ、そこに直撃弾が落ち、女中さんだけが助かったという話も残っています。

米軍はよく調べていて、日本が敗戦に至ることはわかっていたので、占領時に使えそうな建物や学校、病院、行政施設などは攻撃目標からは外したそうです。聖路加国際病院の日野原重明先生がお元気だった頃に伺ったところ、戦時中、キリスト教系の聖路加は爆撃されない、という噂が立ち、空襲のたびに避難する住民がいたんだそうです。「私は聖路加が日本陸軍の病院になるのを見た。戦後、ＧＨＱの病院に変わるのも見ました」と言っておられました。

八月十五日、敗戦

その後も、両親を亡くし、防空壕に住んでいる女の子がいてそこから学校に通っていたという話も聞きました。何を食べていたのだか、そのうち学校にこなくなったと。

戦後二十一年の航空写真を見るとどこが焼けたかはっきりとわかります。

私の母は浅草で下町の大空襲にあってから浅草寺境内で生き延び、その翌日に上野駅でおにぎりひとつもらって罹災列車で、養父の故郷山形の鶴岡に向かいました。そして二年後、学校に入るために上京し、下宿を転々としながら歯科医になりました。一方、鶴岡で歯科医を開業した祖父は浅草に帰るのが遅れたため、家の居住権を失い、文京区駒込動坂町三百二十二番地の長屋の片っぽで開業したのです。つまり焼け残った家はこのあたりしかなかったらしい。母が言うには、「引っ越した時、不忍通りの前側（北側）は全て焼けて田端駅が見えた」と言うのです。確かに航空写真を見ると前側はすべて焼けている。谷中でも初音町四丁目はかなり焼けています。

闇市

もののない頃、日暮里駅前に闇市ができました。それが移転したのが今でも朝倉彫塑館の近くにある初音小路で、木製のアーケードは戦争直後の貴重なものです。

また日暮里駅から来ると七面坂を回るようになっていましたが、その正面は塞がれていたところが石段になりました。私は子供のときその石段が崩れかけていたのを覚えています。今はすっかりコンクリートで整備され、「夕やけだんだん」として知られています。その下の谷中銀座は元はもっと北の初音幼稚園の横丁にあった安八百屋横丁が発祥ですが、戦後になって現在地に移り、とても繁盛しています。

車が入れない狭い道で、お釣りが足りなければ、前の店に行って崩してくる。以前は日掛け貯金などもしていたようで、お互いが支えあっています。ヒューマンスケールだからこその商売といえましょう。以前「惣菜横丁」というくらい地元の人が夕方の買い物に行くところでしたが、最近では外国人も含め観光客相手の店が多くなりました。

接収

戦争に負けた日本には連合国軍、ＧＨＱという占領軍が入ってきました。そのヘッドクオーターは有楽町の第一生命

戦後、闇市から発祥した初音小路

館で、そこに連合軍最高司令官マッカーサーがいました。そのビルは高層化されはしましたが今も残されています。PXという占領軍兵士のための売店は銀座の和光のところでした。そのほか、明石町の聖路加病院を接収したり、日比谷の宝塚劇場を接収して占領軍兵士の娯楽の場アーニーパイル劇場に、明治神宮外苑競技場も接収してナイル・キニック・スタジアムになりました。そこは朝鮮戦争の時の訓練に使われ、日本青年館が宿舎に充てられていたそうです。

同時に東京中の便利で、暮らしやすそうな洋館を接収といって無償で取り上げ、そこに将校などを住まわせました。湯島の岩崎邸は広大な洋館ですから真っ先に接収されました。ここは諜報のキャノン機関本部となり、小説家でマルクス主義者の鹿地亘が拉致されてアメリカのスパイとなることを強要されたことは知られています。西片町あたりの焼け残った洋館や知識人の住宅も接収されました。

千駄木では商工会議所だった洋館が接収されました。ここはのちに増野医院となり、私はここでピアノのお稽古をしていたことがあるので、内装もよく覚えています。

上野駅の浮浪児と「パンパン」

上野駅では東京の空襲で家を焼け出され、両親を失った子供が地下街に寝泊まりし、浮浪児と言われました。庇護するものもなく、食事も与えられず、浮浪児たちは日に日に衰弱し、死んでいきました。生命力のある子供はスリやかっぱらい、シケモク拾いなどでどうにか生きていましたが、こうした子供たちは戦争の犠牲者であるのに、政府は庇護しようとせず、GHQに命令されてやっと動く始末でした。

また占領軍の兵士から「良家の子女」を守るために、芸者や遊女の中から「性の防波堤」となってくれる売春婦を政府が用意したことすらありました。上野や有楽町にはいわゆる、性を売ることでしか生きていかれない戦争未亡人などが街娼として立ち、「パンパン」と呼ばれゆえなき差別を受けました。

家を失った人々は、バラックという仮設の粗末な建物に住みました。上野公園内、現在の国立西洋美術館や東京文化会館のあるところにもそうしたバラックが立ち、また小石川後楽園の入り口付近にもそういう罹災バラック群があったのを覚えています。

谷中ではこうした戦後のすさんだ環境から地域の子供を守ろうと、母親たちが夏休みに「緑陰子供会」などを開きました。上野に多かった罹災者、「浮浪児」へ手を差し伸べようという活動ではなかったことが惜しまれます。

谷中五重塔の消失

谷中五重塔は近隣のシンボルでした。千駄木の高台の住民たちは「うちの町は上野と谷中と二つ五重塔が見えるのが自慢だった」と言います。谷中の住民は「兵隊から帰ってきて、谷中五重塔がそびえているのを見て、ああ、うちの町は無事だったと嬉しかった」と語ってくれました。

この塔は天王寺の二度目の五重塔で寛政年間（一七九一）に作られた総欅白木造りの塔でしたが、明治六年に谷中墓地が開設され、明治四十一年に東京市に寄付されました。いつのころからか、都があまりキチンと管理されなかったといわれます。上野高校の生徒時代、縁に腰をかけて『五重塔』を読んだという方もいました。一九五七年七月六日に、放火心中で消失しました。仕立て屋の主人がお針子と不倫の清算をしたものと言われます。夜半の火事で、近所の人々は皆現場に駆けつけ、『五重塔』を書いた幸田露伴の娘、幸田文さんも小石川の自宅から浴衣姿で駆けつけました。

その塔が昇天するさまは、銅板の部分が赤く、青く燃え、大変美しかったとさえ言われています。焼け跡から二人の遺

天王寺の桜並木と五重塔。山崎四郎造氏提供。「谷根千同窓会」より

体が見つかり、町の皆は「何も文化財を道連れにしなくたって」「近くには鉄道も枝振りの良い松の木もあったのに」などと言いあいました。その後、松下幸之助氏、朝倉文夫氏など、塔の再建を提案する声はありましたが、現在も実現に至らず、礎石のみが谷中散歩の人々の足を止めています。

三種の神器

私が生まれたのは戦後九年目、一九五四年。この後はどうしても自分の記憶と重なってしまいます。父と母は東京の空襲で焼け出され、都立駒込病院の歯科医同士で恋愛結婚をしました。そして動坂下に焼け残った長屋の地上権を買い取って開業しました。朝鮮戦争がすでに終わり、翌一九五六年度の経済白書は「もはや戦後ではない」と復興と高度成長への兆しを語りました。私は父の勤めていた駒込病院で生まれ、動坂下の長屋に暮らしていました。関東大震災の前に建った下見張りに瓦屋根の載った小さな家でした。

隣が地主さんで、ほとんど家族のように行ったり来たりしていました。最初の頃は風呂がなく、そんな小さな家なのに、小さな庭がついていました。七輪で魚を焼き、母と隣のおばちゃんはしゃがんでたらいに洗濯板を斜めにたてかけ、ゴシゴシと洗濯をしていました。ガス台はありましたが、最初はガスに羽釜でお米を炊いていたと思います。流しは夕イル張りでした。

冷蔵庫は黄色っぽいニスの塗られた木製で、電気ではなく、毎朝、氷屋さんが氷を切って最上段に入れてくれて、その降りてくる冷気でものを冷やすのです。たいていのものは冷蔵庫に入れず、朝の残りご飯も戸棚にしまったり、蠅帳をかぶせておいたりするだけでした。ハエが多いのでハエ取り紙という粘着紙のようなものが天井から下がっていました。屋根裏ではネズミが毎夜の運動会を開催するのでネズミ捕りを仕掛けて寝ました。これらをまだ根津の「あんぱちや」で売っているので驚きました。夏の夜は蚊が多くて、蚊帳を吊って寝ました。扇風機はあったような気がします。それでも暑いと、物干しに蚊帳を吊って寝たこともあります。冬は反対に寒かったですが、暖房は掘りごたつと火鉢でした。火鉢でお餅を焼くのは楽しかった。

母方の祖父が作った借金を払い終わり、新し物好きの父が率先して買った電化製品が徐々に入り、ミッチーブームよりかなり早く、テレビが来ると近所の子供たちがみんな鈴なりになって見ていました。炊飯器も買いましたし、電気冷蔵庫、そして電気洗濯機も買いました。電気洗濯機と言っても回して洗うだけで、脱水は二本のロールの間を通して水気を切り、のしイカのようになった衣類を干すのです。テレビ、洗濯機、冷蔵庫が「三種の神器」と言われました。クーラーが家に入ったのは私が中学三年の頃で、ずっと後だったと思います。

子供の遊び

当時はビルもなく、路地や空地はどこにでもありました。隣の家には三人のお兄ちゃんがいて、私は「お味噌」「おまめ」とか言われながら員外、戦力外に扱われていましたが、どこでもくっついて歩きました。ベーゴマ、メンコ、水雷艦長、三角ベースなど男の子の遊びをしたり、ウィンチェスター銃とか忍者ごっこに興味を持ったりしたのは彼らの影響だと思います。彼らは近所の創文堂書店で『少年マガジン』や『少年サンデー』をとっていましたので、「おそ松くん」なども毎週読んでいました。

一方女の子で集まると、オシロイバナの種を取って中の白い粉をほおにくっつけたり、数珠玉《じゅず》を集めて首飾りを作ったり、おままごとをしたりしました。夕暮れになると赤とんぼがムジナ坂の上の方まで群舞していたのを思い出します。

九の日には動坂の日限地蔵の御縁日で、坂に沿ってヨーヨーや金魚すくい、わたあめ、カルメ焼き、ハッカ飴などの店が出ました。これがいちばんの楽しみでした。駒込動坂町は根津神社でなく、駒込の天祖神社の氏子なので、九月のお祭りには山車を引きました。夕飯が終わると山車《だし》の置いてある空き地に飛んでいって、太鼓をたたくのが楽しみでした。

路地の暮らし

『谷根千』を始めた一九八〇年代には路地がまだまだ残っていたので、「上野谷根千研究会」で路地の暮らしを調査したことがありました。路地の住民には昭和になってから東北や上信越方面から出てきた人が多く、路地の中でみんなで生きていくという「おたがいさま」の協力体制が見られました。路地を表側にして、奥に井戸や火伏せの稲荷を祀り、初午には近所の子供たちにお菓子をあげたり、みんなで蕎麦を取って食べたりしたそうです。

また、醤油や油、コメなどが足りないとお互い貸したり借りたり、お惣菜の交換などもしていました。お互いの家は自分の家のように、勝手に上がり込んでお茶をいれ、お菓子や果物を出し、昼寝までよその家でする。一緒に買い物はもちろん、銭湯にも通い、背中の流しっこをするというような密な付き合いを続けていましたし、町内会での温泉旅行なども多かったようです。

路地の家に庭はありませんが、自宅の入り口を好きな草花や低い木々で飾っていました。アオキ、ナンテン、ヤツデ、竹、中にはアロエ、シソ、ローリエ、トクサなどのように、生活に使える有用なもの、食べられるものを植えている人もいました。

台風と停電

また、当時はよく台風の季節など停電がありました。なんとなく、電気が弱くなったり、消えそうになったり、不安定になったなと思ったら消えてしまいます。今は電力の安定供給といってそんなことはありませんが、当時はあまり気にしませんでした。ろうそくや懐中電灯の光の中でご飯を食べるのは面白い経験でした。

また、その昔、根津あたりはちょっと雨が降っただけですぐ水のつく土地で、台風になるとバンズイという金魚屋の池が溢れ、子供たちはタダで金魚すくいを楽しんだと言います。私が生まれてからも、伊勢湾台風で床上浸水したことがあり、衛生第一義の歯医者で、父母がどんなに苦労したか想像にかたくありません。地域雑誌を始めてからも、動坂の角が浸水し、土嚢が積んであったことを思い出します。

六〇年安保

私が幼稚園の年長組の頃に、日米安全保障条約に反対する六〇年安保闘争があり、飛行機でまかれたビラを覚えています。アイゼンハワー大統領訪日阻止などで国会周辺では毎日デモが繰り返され、このあたりの下宿からも学生や労働者が三々五々とデモに出かけていったそうです。その頃は大衆が街に出て政治的意思を示すことが普通に行われていました。

その頃の物価ですが、幼稚園に行くのに利用したバスの運賃は最初は子供が五円、大人が十五円だったと思います。しばらくすると子供が十円、大人が二十円になりました。私は小学校へ通うのもその東京駅北口行きのバスに乗っていきましたが、この路線は今では一時間に一本くらいしか通っていません。

幼稚園の頃は友達の家で『りぼん』を読ませてもらっていましたが、遊びにいっても遊ばないで漫画ばかり読んでいるので彼女は不服だったようです。そして小学校に入ると『少女フレンド』が、さらに競争誌『マーガレット』が創刊され、親にねだって買ってもらいました。私は一九六一年に、通っていた幼稚園の近くの小学校に入学しました。

町にあった映画館

母が結婚した頃は、まだテレビではなくラジオの時代でした。ラジオドラマ『鐘の鳴る丘』や、『君の名は』も大人気で、放送が始まると「女湯が空っぽになった」と言われたものだそうです。

また、町に映画館があった時代で、母は近くの動坂シネマ（元の動坂松竹）に通いました。映画の『君の名は』を母は私がお腹にいるときに見たそうです。これは岸惠子の主演でそのショールの巻き方が主人公にちなんで「真知子巻き」と呼ばれました。戦争で生き別れになった男女が無事だったら来年のこの日に有楽町の橋の上で会おうと約束するのですが、すれ違ってしまいます。まるでビビアン・リーの『哀愁』と同じような話ですが、戦争を経験した世代には臨場感のある映画だったことでしょう。

もう一つ田中絹代と上原謙が主演の『愛染かつら』も一世を風靡しました。子供がいることを隠して病院で看護婦をしている田中を、医学博士になって帰ってきた病院長の息子の上原が好きになるのですが、田中は子供があることを打ち明けられず、駆け落ちの約束にも遅れてしまいます。これには谷中の自性院にある愛染堂の桂の木がモデルとなっています。

私もこの動坂シネマには一九七〇年ごろ閉館する最後まで通いました。母に連れられ三船敏郎主演、黒澤明監督の『椿三十郎』などを見ましたが、チャンバラで血糊が飛ぶところが怖いので嫌でした。他にも『天使の詩』とか『シェルブー

戦前、駒込神明町にあった神明館。後藤与一氏提供

ルの雨傘』などを見たと思います。閉館の最後は『グリーン・ベレー』と『パットン大戦車軍団』の二本立てでした。毎週、都電で通学するときに、今週の出し物を描いた大看板に見とれました。

その先の神明町には進明館、根津には芙蓉館という戦後は根津東映になった映画館がありました。根津東映では海洋学者クストーの海底の自然映画『沈黙の世界』を見た覚えがあります。

上野という盛り場

不忍通りには江戸川橋から須田町までの都電二〇番線が通っていました。どこに行くのもこの都電を利用していました。上野広小路に行くときは、根津宮永町の先から不忍池の東岸を回る専用軌道を走り、緑濃い景色が見えました。軌道沿いの柳の枝が窓から入ってくることもよくありました。広小路の停留所を出るとポルノ映画館があるので、両親はそこを足早に通り抜け、上野松坂屋で買い物をしたり、不忍池でボートに乗ったり、上野動物園に行ったりしました。都電が一九七二年に廃止されたあと、元の神明町車庫は都営住宅と公園になり、そこに一台の都電六〇六三形が保存されています。

動物園は戦後、インドのネルー首相が自分の娘の名前をつけたインディラという象を寄贈してくださりそれを見る人で大にぎわいしたそうです。お猿電車というのがあり、制服を着たお猿さんが運転手でしたが、これはある時、動物虐待だという話になってなくなりました。パンダが最初に上野動物園に来たのは私が大学生の頃だと思います。上野動物園には東園と西園を結ぶモノレールがありましたが、二〇一九年十月いっぱいで運行を終了しました。正式には東京都交通局上野懸垂線というそうです。

そして上野には美術館や博物館があり、戦後はエジプトの「ツタンカーメン展」（一九六五、国立博物館）、ルーブル美術館から来た「モナ・リザ展」（一九七四、西洋美術館）が評判になりました。

及川裸観さんのこと

戦後、町で有名だった人といえば、「全身を顔にせよ」とニコニコ裸運動を提唱した及川裸観《らかん》さんでしょう。私も一九八五年ごろに見かけました。「全身を顔にせよ」という

不忍通りを走る都電二〇番線。山田輝雄氏提供

タスキをかけ、「薄着健康」の幟《のぼり》を持って、郵便局にパンツ一丁の姿で入ってきました。

彼は明治三十四年に岩手県の前沢町で生まれ、北海道で農業や魚の行商をしていました。生まれつき体が弱かったので、一念発起して関東大震災の翌大正十三年上京、新聞配達をしながら自彊術を学びます。根津権現の境内の井戸水をかぶり、心身の鍛錬を続け、絶対に風邪を引かぬ体を作りました。

精神的楽観主義、身体の鍛錬、薄着による皮膚や内臓の強化が主張の三大柱です。この主張は、日本人の体育向上に益があると、財界、政界の大物も応援しました。右翼の大物、頭山満、海軍大将で首相の米内光政などです。これを支持する不動貯金銀行頭取、牧野元次郎がスポンサーとなり、昭和十六年、日暮里に裸倶楽部「ニコニコ会館」が作られました。今の諏方台ひろば館の奥、シャレースイスミニの場所です。

裸観さんは双子の息子を二人とも戦争で失いました。しかし戦後、戦争に負けて気落ちしている日本人を励まそうと、再び「いつもニコニコ健康日本」を掲げたので、こんどは出光佐三、清水康雄、東京都知事の安井誠一郎、日本野鳥の会会長の中西悟堂なども彼を支持しました。中には「八千万国民が一枚薄着になるだけで医療費が助かる」といった経営者もいました。

裸観さんの提唱のうち、例えば「笑う門には福来たる」は、現在、笑うと免疫力がまし、ガンになりにくいといわれています。また、できるだけ生のものを食べなさい、というのも昨今のロウフードの流行の先駆けとも言えます。

オホーツク海の雪の中で寒中水泳をしたり、零下三十度の旭川を雪中行進したりして、人々を驚かしました。奇人変人という人もいました。でも無欲恬淡、天真爛漫なこの人には賛同者が多かったのも確かです。私も実際に見たときにはぶったまげましたが、その体から出てくるオーラは実にやさしい、明るいものでした。

根津音頭

戦後、高度成長期は町は明るい時期でした。根津では弥生町に住むサトウハチローに作詞してもらった根津音頭を作り、みんなで踊りました。観音通り商店街では、振興のため七夕のお祭りをしたり、花札マッチと言って景品に花札の模様のマッチを出し、それを皆揃えると大きな景品がもらえるなどのイベントをしました。でもこの景品をもらった人は少なかった。というのは、ある一種類のマッチを極端に少なくしか出さなかったそうです。

私が根津神社を知ったのは、小学校の高学年で、ここの池から大判小判がざくざく出てきたというので駆けつけたのですが、もう何もありませんでした。また中学に入った頃か、ここで大人用の自転車の乗り方を練習したと思います。

根津交差点の赤札堂は一九六五年十月開店とスーパーのはしりでした。当時は奥さんたちはみんなエプロンをしめて、買い物かごを持ち、夕方の支度のために肉屋、魚屋、八百屋さんというふうに町の個店を回って買い物をしていました。

動坂ストア

家の前の不忍通りを渡るとに動坂ストアというマーケットがありました。歯医者の営業が終わると母は急いでマスクを外し、白衣を脱いで、買い物かごを持ち、動坂ストアに買い物に行きました。そこは魚屋のやまちゃん、津久井肉店、豆腐屋に餃子屋に八百屋と結構いい店が揃っていました。このマーケット以外の店について、母はいつも不満を言っていました。「ものは古い、高い、愛想がない」と。

古くから続く動坂周辺の商店には、自分たちの方が昔からいるんだ、ということで頭が高く、家賃も払う必要がないのでそれほど勤労意欲がなく、サービスも悪いところが多かったように思います。そうでない店もありました。私がおつかいに行かされたのでは、矢部酒店のおじさんはとても親切で愛想が良かった。それとなるみ食品は目のつぶらな綺麗な女主人がいて、外国産のクッキーやチョコレート、紅茶などを売っている憧れの店でした。反対側にあった「しまだ」というお菓子屋さんでは、さくらんぼや蕗の砂糖漬けを乗せたケーキを作っており、今思えば甘いお菓子でしたが、それをお土産にもらうのが一番うれしいのでした。

そのあと道灌山の元の東京製氷のところにサミットが、さらに、田端へ向かう谷田橋通りに都民生協ができると、地元民はそっちに流れ、商店街はますます寂れることになりました。動坂ストアの跡地にはマンションが建ちました。その反対側にハヤミズ家具センターの大きな店がありましたが、そこは今、肉のハナマサになっています。

創文堂書店

動坂ストアの隣に創文堂書店があり、そこが私にとってのオアシス、世界に通じる道でした。家が歯科医院で、そこで毎週、待合室に置く雑誌などをとっていたため、創文堂のおじさんは、私がいつも黄色い丸椅子に座って本を読んでいても、何も言いませんでした。絵本から始まり、私のお小遣いはここで本を買うために費やされました。挿絵付きのラム姉弟『シェイクスピア物語』を手に入れた喜びを今も覚えています。

天井から吊るされた本棚には文庫が並び、そこで新潮文庫、角川文庫、岩波文庫を買って読みました。文庫はそれしかなかった。都電通りで埃っぽかったからか、当時の文庫本は天のところがアンカットになっていたこともあり、埃が溜まりやすかったのですが、そんなことはまったく気にならなかった。そして母のとっていた『ミセス』や『暮しの手帖』にもまた教わることが多かったのです。家の近くに入りびたれる本屋さんがあったことをありがたく思っています。創文堂のおじさんには、『谷根千』ももちろん置いていただき、第五号で「鷗外特集」をする時には、なんと岩波書店から『鷗外選集』の広告までとってくれました。その店もいつのまにかなくなってしまいました。

谷中銀座

時に谷中銀座まで買い物に行くことがありました。今「夕やけだんだん」と呼ばれている階段は、その頃はまだものすごく汚くて壊れかけていました。谷中銀座では貝屋さん、焼き鳥屋さんは記憶に残っています。貝屋の福島商店には、大きな木の樽に生きたドジョウがいて、登ったり潜ったりする動きを飽きずに眺めていました。

そして谷中銀座には今も続くスタンプ５００というシステムがありました。台紙にシールを貼っていっぱいになると五百円分の商品が買えます。昔は月に二回、一日、十五日は仏様の縁日なので、スタンプを倍出すといったサービスを行うなどしていました。のなかストアー、金吉園などは残っていますが、『谷根千』を置いていただいていた清秋堂書店、魚て津寿司などがなくなったのは寂しい限りです。

これと垂直に交わる「よみせ通り」はもう少し幅が広く、昔の愛染川の川筋で、川が暗渠化された大正のおわりから、夜は露店が出たらしい。昭和三十年代はまだ夜店が出ていたと思いますが、いつしか車の邪魔になるということでか禁止されました。

後楽園ゆうえんちと球場

夏の夜になると、上野不忍池畔の納涼大会が楽しみでした。夕涼みがてらよく行ったのは夜の後楽園ゆうえんちです。いま思うとそれほど刺激的でもありませんが、ジェットコースター、お化け屋敷、コーヒーカップ、ローターという体が壁に張り付いてしまう遊具などは、面白くてたまりませんでした。ディズニーランドがない頃ですから、地方からの修学旅行生も本郷の旅館に泊まり、後楽園に行ったものです。

尾久にあるあらかわ遊園も古いです。あそこにあった半円形の乗り物には大興奮でした。中のハンドルをみんなで回すと、その乗り物はいくらでもグルグル回るので怖かった。少し遠くでは豊島園にはミラーハウスやウォーターシュートに乗りたくて行きました。豊島園は大正十五年（一九二六）西武鉄道の開発した遊園地です。

一方、読売巨人軍と日本ハムのフランチャイズである後楽園球場にもたまに行きました。一九六一年に川上哲治が監督になり、王と長嶋を主軸にリーグ優勝、日本シリーズでも南海を破って日本一。そして一九六五年金田正一が入団、それから九年連続日本一にとなりました。土井、黒江、森、高田、柴田、堀内、城之内などがいた巨人の黄金時代で、白い白熱灯に照らされた緑の球場は夢のようでした。東京オリンピックの前にはここでオリンピックを盛り上げるための前夜祭も開かれました。

東京オリンピック

一九六四年に東京オリンピックが開かれました。この時は羽田空港に選手や観客が到着し、競技場も神宮や代々木、駒沢でしたので、谷根千の町には関係がなかったようです。もちろん、テレビで体操や女子が優勝したバレーボールを見た記憶はあります。「参加することに意義がある」「アマチュア精神とスポーツを通じての平和」というのが十歳の私に刻み込まれた言葉でした。

オリンピックは敗戦国日本が戦後十九年目までに復興し、世界に一等国として認められるための機会でもあったのです。そのために労働者の人権を無視した危険な突貫工事があちこちで行われました。この年に佃の渡しがなくなって佃大橋がかかり、東京駅から大阪まで夢の超特急新幹線が開通、また東京中に高速道路が張り巡らされ、テレビのカラー放送が始まりました。

谷根千のようにオリンピックには直接は関係のない町でも、外国人の目を気にしてか表通りにあったコンクリートのゴミ箱は撤去され、青いプラスチックのゴミ箱が家の勝手口に隠されるようになりました。小石川の後楽園の門のあたりにあった戦争罹災者のバラックもなくなりました。さらに寺社門前などで白い服を着てアコーディオンなどを弾きながらお金をねだっていた傷痍軍人という人たちもいつか一掃されました。大島渚の『忘れられた皇軍』によれば、彼らは韓国や台湾など旧植民地の傷病兵が多かったようです。

上野の山にも罹災者のバラックがありましたが、それもオリンピックの前には一掃され、コルビジェ設計で、弟子の前川國男や坂倉準三が協力した西洋美術館と、前川國男設計のコンサートホール、東京文化会館になりました。こうして戦後処理は粛々と進んでいったのです。後楽園の庭園の近くにも罹災者バラックがあったのを覚えていますが、いつの間にかなくなってしまいました。

青山や表参道のあたりは道も拡幅され、ビルが立ち並び近代化されたのに、動坂から根津までは相変わらず、下見張りに瓦屋根の古い建物が残って、ちょっと残念に思ったものです。

鷗外図書館

鷗外記念本郷図書館ができたのは昭和三十七年です。

この図書館は、旧森鷗外邸が戦火で焼け、鷗外の末っ子の類さんが古書店をやっていた千朶《せんだ》書房のあとに、野田宇太郎らの尽力で建てられたもので、図書館と併設でしたが、森家から寄贈された一級の鷗外資料を有する極めて価値の高いものです。毎月、講演会も催され、森鷗外を顕彰する「森鷗外記念会」が医学書院の社長でもあった長谷川泉さんを中心に組織され、機関紙『鷗外』には様々な視点からの論考が載って、今に続いています。

建物はまた谷口吉郎による伸びやかなもので、読書に疲れた時は庭に出て、沙羅の木や「三人冗語の石」を眺めることができました。「三人冗語の石」とは若き鷗外、露伴、斎藤緑雨が三人でこの石のところで撮った写真が有名だからです。

斎藤緑雨は、樋口一葉に「この男、仇にとって面白し」と言わせた曲者ですが、「一葉日記」を世に出そうと尽力、自らも肺結核に侵されて三十代後半で死去、本郷大圓寺に葬られています。墓標は幸田露伴の署によるものです。

現在、ここは図書館と切り離されて、森鷗外記念館として新築され、公開されています。

都電廃止と地下鉄千代田線

一九六四〜六五年頃、東京の地名が変更されました。これはオリンピックでやってくる外国人に住居表示がわかりにくいとして行われたことですが、根津須賀町、根津八重垣町、駒込動坂町、谷中清水町、谷中茶屋町といった由緒ある地名が消えました。

一九六九年の暮れには地下鉄千代田線が開通しました。その工事で不忍池の畔から一メートルくらいの地点を掘っていたところ、土壁が崩れ、一時間で不忍池の水が抜けたことがあったそうです。東北新幹線の上野駅から東京駅への工事の際も、御徒町のガード下で陥没が起こりました。土壌凝固剤の注入量が足りないとして批判されましたが、地質学者の生越忠《おごせすなお》さんは地中にこうした凝固剤のような化学物質を入れて良いのか、という問題を提起しました。

都電二〇番線が廃止されたのは一九七一年でした。都電は五分おきくらいに通っていたので、それに合わせて代行バスが走りました。最初は頻繁に来ましたが、だんだん間隔が空きました。大学まではこの早稲田行き代行バスで学校に通い、就職して銀座や赤坂の会社に通うには千代田線千駄木駅を使いました。また、その頃、不忍通りには緑色の川口行きの国際興業バスが走り、また言問通りには上野公園から今井行きの都営トロリーバスが通っていましたが、一九六八年九月に廃止されたようです。

谷中聞く会

亡くなった田辺ひぐらしの田辺さんから、「昔、こんなのをやってたんだよ」と見せられたのが、「谷中聞く会」のチラシでした。これは谷中に住んでいた岡本文弥さんを中心に、上野の東照宮の宮司嵯峨敞全さん、領玄寺住職中濃教篤《なかのきょうとく》さんなどが集まって、ベトナム戦争の真実について、ジャーナリストに毎月情勢分析などを聞こうという会で、東京の小さな町から世界史を捉えようとしたすばらしい試みだと思っています。

その頃、アメリカの市民たちはベトナム反戦運動や、人種差別撤廃運動を起こしていました。それでボブ・ディランや、ジョーン・バエズなどの反戦フォークが日本に入ってきました。中川五郎や岡林信康、泉谷しげるなどは今もその気持ちを変えずに歌っていますが、日本のフォークはだんだん四畳半フォークと言われる、小市民の情感を歌うものが多くなってしまいました。

一九六八年、本郷の東京大学は全共闘運動の中で、安田講堂が占拠されました。御茶ノ水のカルチェラタンでも日本大学や明治大学、中央大学などで学生運動が盛んで、機動隊と衝突が起こりました。その頃ＹＭＣＡのプールに通っていた中学三年生の私は、お茶の水橋の上で催涙弾に遭遇して涙が止まらなかったのを覚えています。安田講堂は翌六九年一月十九日に封鎖解除されます。そしてこの年の七月二十日は人類が初めて月世界に着陸した日でもありました。

あとがきにかえて

一九六八年、中学三年の夏休みに家を木造から鉄骨に建て替えるため、荒川区西日暮里三丁目、土地の地主田戸家の持つアパートに半年ほど住みました。引越しで忙しく、狭いアパートではりんご箱しかなく、ろくに勉強もできませんでしたが、その夏、私は谷中銀座の近くのこのアパートを根城に、台東区の谷中じゅうを歩きました。

狭い家で父と衝突するのが嫌でした。銭湯に入り、朝倉彫塑館を見つけ、全生庵のまだ古い木造の本堂で三遊亭圓朝の幽霊画も見ました。谷中墓地のお墓も一つ一つ歩きました。この時に谷中という歴史豊かな町を発見したと言ってよいでしょう。

高校生になると友人を連れて谷中散歩をしました。今はなくなりましたが、三崎坂の和菓子「日暮」さんでは、上がって行きなさい、と冷たいシロップのジュースを出してくださって、スイカまでご馳走になったのを覚えています。

一九七三年、大学一年生の時に、私は土曜日曜になると、朝倉彫塑館のアルバイトをしておりました。時給二百円、一日行って千五百円くらいにしかならない、安いバイトでしたが、そこで過ごす時間は夢のようでした。明治の建物の中で漱石や子規や露伴を読めるのです。風が吹くと竹がさやさやとなりました。お茶会のために炭の火を起こしたり夜間に湯を沸かしたりする。気前のいいお客だと、杉浦さんの豪華な仕出し弁当が私たちアルバイトにも出ました。その傍ら何をしていたかというとアルバイト同士で恋愛沙汰をしたり、町に出てふざけたりしていただけですが。

その頃の谷中と今を比べると、人はものすごく多くなりましたが、あの頃あったすばらしい民家は四分の一くらいになっていると思います。その頃は「谷中」というのは言問通りを通るバス停にしか地名が乗らない、知られざる町でした。しかし、中学、高校、大学で体験したことが私の中に巻かれた種となって、その十年後、私は自分の生れた文京区千駄木や遊ぶフィールドであった『谷根千』を舞台とした地域雑誌を始めました。それから三十五年の間にもいろいろなことがありました。いままた東京オリンピックを前に再開発圧力と地価高騰が続いています。

谷中については『谷中スケッチブック』、根津については『不思議の町根津』を書きました。千駄木については『千駄木の漱石』を書きましたが、これは明治三十六年から三十九年の大晦日まで千駄木町五十七番地に住んだ夏目漱石に焦点が当たっており、千駄木町、林町、坂下町、動坂町、神明町、弥生町などの地誌はあまり書いてありません。それで、本書では千駄木についてやや詳しくなっています。そのほか、現在は池之端である谷中清水町、上野花園町、池之端七軒町、また文京区弥生町についても少し述べました。

鳥の眼から見たような巨視的な世界史や日本史の本も必要ですが、こうした小所低所にこだわった、虫の眼で見た歴史もまた、大事なことに思えます。故鶴見俊輔さんに最後にお会いしたとき「森さん、大事なのはエクストリーム・ローカルということですよ」と何度か繰り返されました。「根津の人は自分の町のこと以外、知っちゃいないというところがある」と前に書いたとき、鶴見さんは「それでいいんです。それこそが国家にも巻き込まれず、生きていく道です」とおっしゃいました。私はグローバリズムにもとらわれずにこのエクストリーム・ローカルという言葉をずっと抱きしめています。そして世界中のローカル同士が楽しく結びあう道を探しつづけています。

本を書くきっかけを与えてくれた「HAGI STUDIO」の宮崎晃吉さん、柳スルキさん、田坂創一さんに感謝します。そして、編集してくれた足立恵美さん、今回もありがとう。

二十代の末から三十五年間、町について学び、町の声に耳をすませてきた地域の暮らしの歴史を、次の世代に伝えることができたら、これに過ぎる喜びはありません。

主要参考文献

（※何度も違う版元で出ている本は発行年を省きました）

木村春雄『谷中の今昔』一九五八
会田範治『谷中叢話』明治書院、一九四一
野口福治『ふるさと千駄木』読売新聞社、一九八一
伊藤晴雨『文京区絵物語』文京タイムス社　一九五二
斎藤家三代『江戸名所図会』角川書店　一九七五
斎藤月岑『武江年表』平凡社東洋文庫
寺門静軒『江戸繁昌記』平凡社東洋文庫
『三田村鳶魚全集』中公文庫
岡本綺堂『江戸に就いての話』青蛙房　一九六〇
E・S・モース『日本その日その日』平凡社東洋文庫
E・V・ベルツ『ベルツの日記』岩波文庫
篠田構造『幕末百話』『明治百話』『幕末明治女百話』岩波文庫
長谷川時雨『旧聞日本橋』岩波文庫
山本笑月『明治世相百話』中公文庫
岡本綺堂『ランプの下にて』岩波文庫
馬場孤蝶『明治の東京』岩波文庫

東京日日新聞『大東京繁盛記』平凡社東洋文庫
高村光雲『光雲回顧談』岩波文庫
佐多稲子『私の東京地図』講談社学芸文庫
野田卯太郎『新東京文学散歩』講談社文芸文庫
鶯亭金升『明治のおもかげ』岩波文庫
鏑木清方『こしかたの記』岩波文庫
柴田宵曲『明治の話題』岩波文庫
森銑三『明治東京逸聞史』平凡社東洋文庫
石井研堂『明治事物起原』ちくま文庫
久保田金遷『下谷上野』松坂屋発行　一九二九
玉林晴朗『下谷と上野』東台社　一九一二
川添登『東京の原風景』ちくま学芸文庫
浦井正明『もうひとつの徳川物語』誠文堂新光社　一九八三
陣内秀信ほか『東京の町を読む』相模書房　一九八一
『本郷区史』復刻版　臨川書店　一九八五
『下谷区史』一九三五
鈴木理生『江戸の川東京の川』日本放送出版協会　一九七八
『江戸東京学事典』三省堂　一九八七
『地域雑誌・谷中・根津・千駄木』1～94　谷根千工房　一九八四—二〇〇九

著者について

森まゆみ（もり・まゆみ）　一九五四年生まれ。大学卒業後、ＰＲ会社、出版社を経て、一九八四年、仲間と地域雑誌『谷中・根津・千駄木』を創刊。聞き書きから、記憶を記録に替えてきた。その中から『谷中スケッチブック』『不思議の町　根津』（ちくま文庫）が生まれ、その後『鷗外の坂』（芸術選奨文部大臣新人賞）、『彰義隊遺聞』（集英社文庫）、『「青鞜」の冒険』（集英社文庫、紫式部文学賞受賞）、『暗い時代の人々』（亜紀書房）、『「谷根千」地図で時間旅行』（晶文社）、『子規の音』（新潮文庫）など、作品を続々と世に送り出している。近著に『用事のない旅』『会いにゆく旅』（産業編集センター）がある。

谷根千のイロハ

著者　森まゆみ

2020年3月4日　第1版第1刷発行

発行所　株式会社亜紀書房

〒101-0051

東京都千代田区神田神保町1-32

TEL　03-5280-0261（代表）

03-5280-0269（編集）

http://www.akishobo.com/

振替　00100-9-144037

印刷・製本　株式会社トライ

http://www.try-sky.com/

ISBN978-4-7505-1605-9　C0020